Impressum
Verlag: BABADADA GmbH, Nedderfeld 112 , 22529 Hamburg
Geschäftsführer / Verlagsleitung: Harald Hof
Druck: Books on Demand GmbH, In de Tarpen 42, 22848 Norderstedt

Imprint
Publisher: BABADADA GmbH, Nedderfeld 112 , 22529 Hamburg, Germany
Managing Director / Publishing direction: Harald Hof
Print: Books on Demand GmbH, In de Tarpen 42, 22848 Norderstedt

škola
məktəp

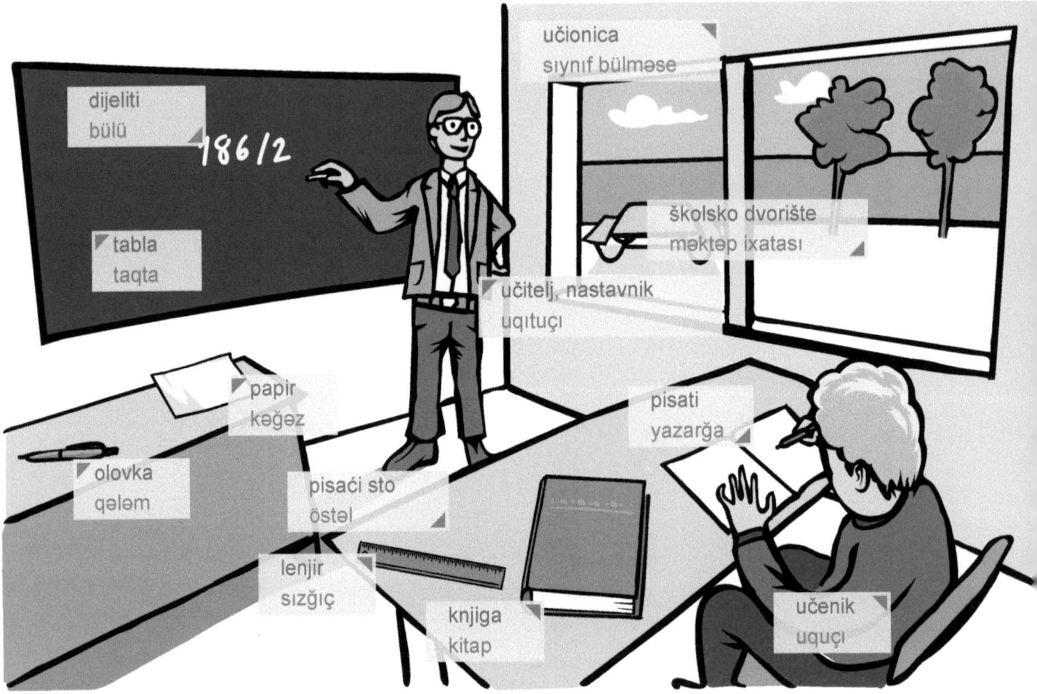
učionica
sıynıf bülməse
dijeliti
bülü
186/2
tabla
taqta
školsko dvorište
məktəp ixatası
učitelj, nastavnik
uqıtuçı
papir
kəğəz
pisati
yazarğa
olovka
qələm
pisaći sto
östəl
lenjir
sızğıç
knjiga
kitap
učenik
uquçı

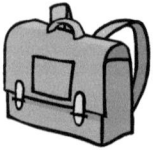

torba
buqça

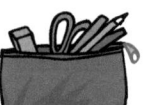

pernica
qələmdan

drvena olovka
qırandaş

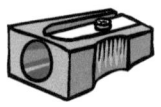

šiljalo za olovke
qələm oçlağıç

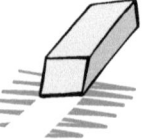

gumica
betergeç

blok za crtanje
rəsem dəftəre

crtež

rəsem

kist

pumala

kutija s bojama

buyawlar tartması

makaze

qayçı

ljepilo

cilem

vježbanka

dəftər

domaća zadaća

öy eşe

broj

san

sabirati

quşu

oduzimati

alu

množiti

tapqırlaw

računati

isəpləw

slovo

xəref

abeceda

əlifba

riječ

süz

tekst

tekst

čitati

uqırğa

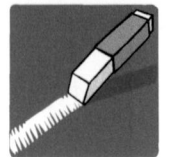

kreda

aqbur

sat

dəres

školski dnevnik

sıynıf jurnalı

ispit

imtixan

svjedočanstvo

sertifikat

školska uniforma

məktəp forması

izobrazba

məğərif

leksikon

ensiklopediyə

univerzitet

universitə

mikroskop

mikroskop

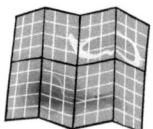

karta

xarita

korpa za papir

çüp qəğəz çiləge

putovanje
səyəxət

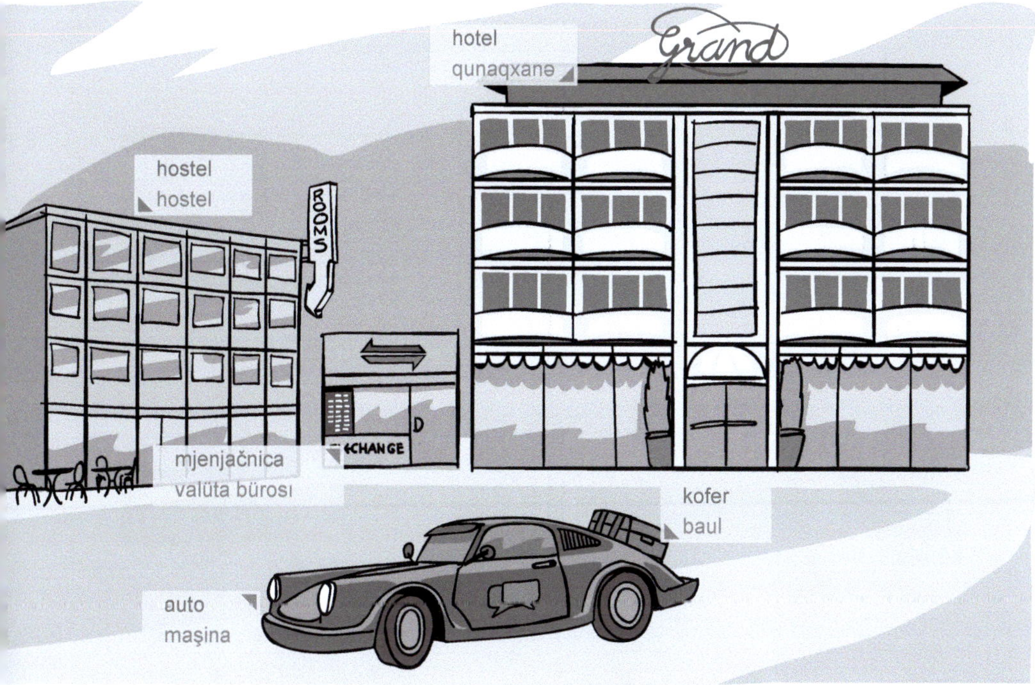
hotel
qunaqxanə
Grand
hostel
hostel
ROOMS
mjenjačnica
valüta bürosı
kofer
baul
auto
maşina

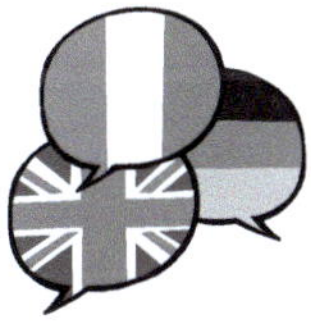

jezik

tel

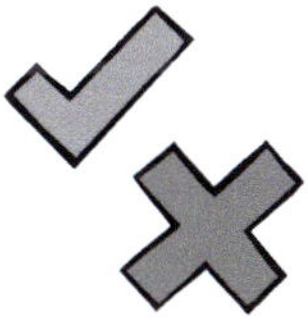

da / ne

əye / yuq

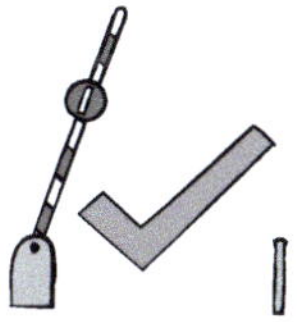

okej

yarar

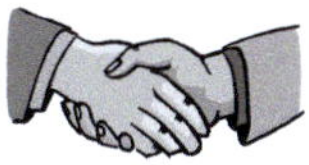

zdravo

isənmesez

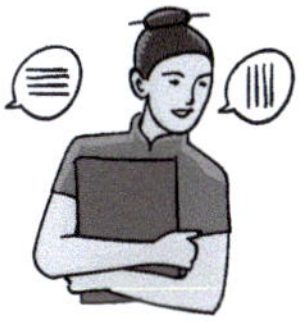

tumač

tərceməçe

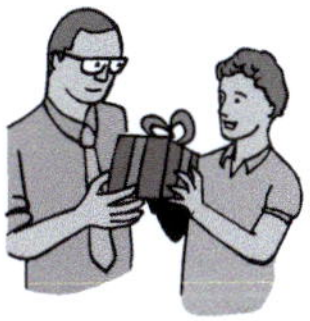

hvala

Rəxmət

Koliko košta...?

... küpme tora?

Ne razumijem

min añlamıym

problem

problem

dobro veče!

Xəyerle kiç!

Dobro jutro!

Xəyerle irtə!

Laku noć!

Tınıç yoqı!

doviđenja

saw bulığız

smjer

yünəleş

prtljag

bagaj

torba

buqça

ruksak

biştər

gost

qunaq

soba

bülmə

vreća za spavanje

yoqı qapçığı

šator

çatır

turističke informacije

turist məğlüməte

plaža

qomsal

kreditna kartica

kredit kərte

doručak

irtənge aş

ručak

töşlek

večera

kiçke aş

putna karta

bilet

lift

lift

poštanska markica

marka

granica

çik

carina

tamğaxanə

ambasada

ilçelek

viza

viza

pasoš

pasport

transport

transport

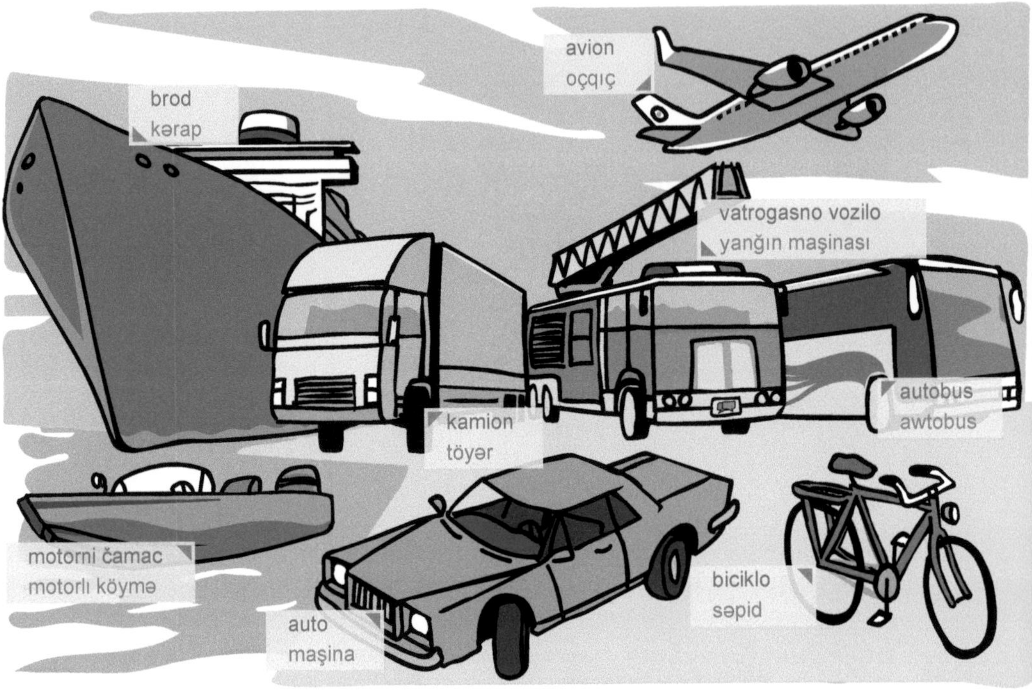
avion
oçqıç
brod
kərap
vatrogasno vozilo
yanğın maşinası
autobus
awtobus
kamion
töyər
motorni čamac
motorlı köymə
biciklo
səpid
auto
maşina

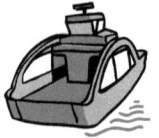

trajekt

boram

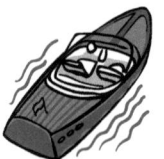

brod

köymə

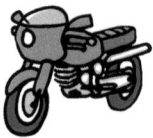

motocikl

motosiklət

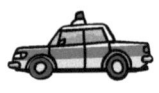

policijski automobil

polisə maşinası

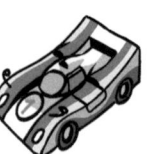

trkaći automobil

uzış maşinası

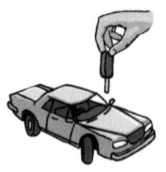

unajmljeni automobil

kiralıq maşina

kar-šering

karşering

pauk

tartuçı

smećarsko vozilo

çüp töyəre

motor

motor

gorivo

yağulıq

benzinska pumpa

benzinlek

saobraćajni znak

trafik bilgese

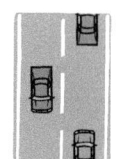

saobraćaj

xərəkət

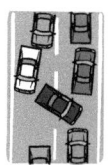

zastoj

böke

parking

parking

željeznička stanica

stansa

šine

rəy

voz

trən

tramvaj

tramway

vagon

vagon

helikopter
boralaq

aerodrom
hawa alanı

toranj
manara

putnik
yulçı

kontejner
konteyner

karton
alap

tačke
yök arbası

korpa
səbət

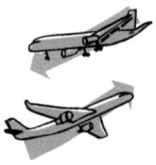

poletjeti / sletjeti
qalqu / töşü

grad
şəhər

selo
awıl

centar grada
şəhər üzəge

kuća
yort

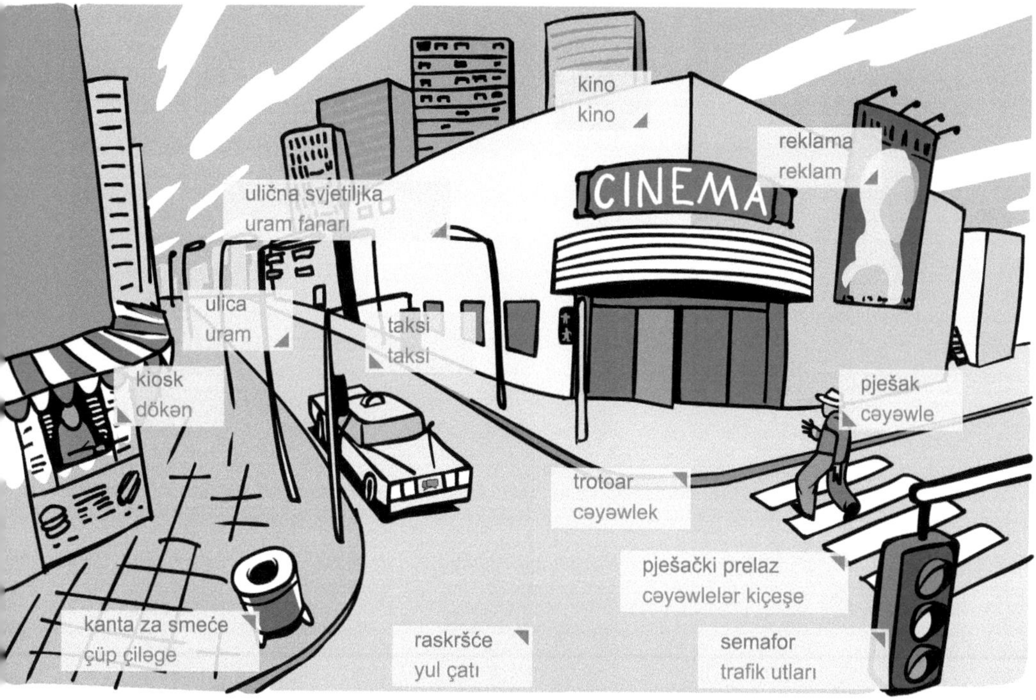

kino
kino

reklama
reklam

ulična svjetiljka
uram fanarı

CINEMA

ulica
uram

taksi
taksi

kiosk
dökən

pješak
cəyəwle

trotoar
cəyəwlek

pješački prelaz
cəyəwlelər kiçeşe

kanta za smeće
çüp çiləge

raskršće
yul çatı

semafor
trafik utları

koliba

alaçıq

stan

fatir

željeznička stanica

stansa

vjećnica

şəhər xakimiyəte

muzej

yədkərxanə

škola

məktəp

univerzitet

universitə

banka

bank

bolnica

xastaxanə

hotel

qunaqxanə

apoteka

daruxanə

ured

ofis

knjižara

kitap kibete

radnja

kibet

cvjećara

çəçək kibete

supermarket

supermarket

pijaca

bazar

robna kuća

zur kibet

prodavač ribe

balıq kibete

trgovački centar

səwdə üzəge

luka

liman

park

park

klupa

eskəmiyə

most

küper

stepenice

basqıç

podzemna željeznica

metro

tunel

tunnel

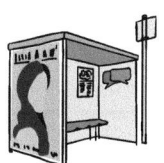

autobuska stanica

awtobus tuqtalışı

bar

bar

restoran

restoran

poštanski sandučić

yamıl tartması

saobraćajni znak

uram bilgese

sat za naplatu parkinga

parking sanağıçı

zološki vrt

xaywan baqçası

bazen

xəwezxanə

džamija

məçet

seosko imanje
çeftlek

zagađenje okoline
kerlelek

groblje
zirat

crkva
çirkəw

igralište
uyın alanı

hram
ğibädätxanä

krajolik
tirə-yün

![landscape illustration]

list
yafraq

putokaz
yul kürsətkeçe

putokaz
yul

livada
bolın

kamen
taş

drvo
ağaç

putnik
yöreşçe

rijeka
yılğa

trava
ülən

cvijet
çeçək

dolina
üzən

brdo
qalqulıq

jezero
kül

šuma
urman

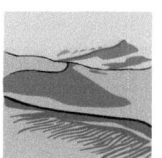

pustinja
çül

vulkan
yanartaw

dvorac
nığıtma

duga
salawat küpere

gljiva
gömbə

palma
palma

komarac
çerki

muha
çeben

mrav
qırmısqa

pčela
bal qortı

pauk
ürməküç

buba

qoňğız

žaba

baqa

vjeverica

tiyen

jež

kerpe

zec

quyan

sova

yabalaq

ptica

qoş

labud

aqqoş

divlja svinja

qaban duňğızı

jelen

bolan

los

poşıy

brana

tuan

vjetrenjača

cir turbını

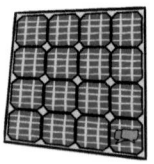

solarni modul

qoyaş panele

klima

iqlim

restoran
restoran

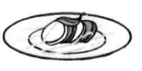

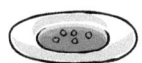

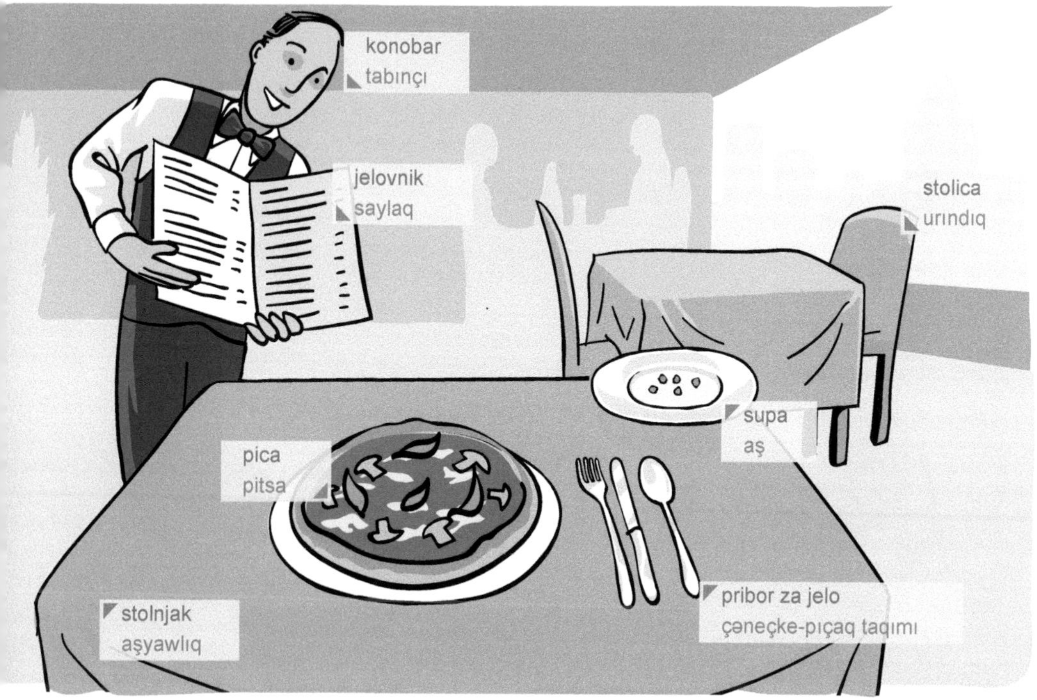
konobar
tabınçı
jelovnik
saylaq
stolica
urındıq
supa
aş
pica
pitsa
stolnjak
aşyawlıq
pribor za jelo
çəneçke-pıçaq taqımı

predjelo

qabımlıq

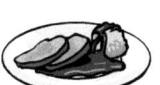

glavno jelo

töp aşamlıq

desert

tatlı

piće

eçemleklər

jelo

azıq

flaša

şeşə

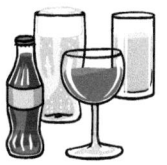

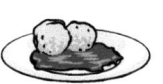

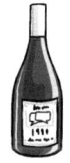

brza hrana

fastfud

jelo sa ulice

uram rizığı

čajnik

çəygün

šećernica

şikər sawıtı

porcija

salım

mašina za espreso

espresso maşını

barska stolica

biyek urındıq

račun

xisap

tacna

töger

nož

pıçaq

viljuška

çəneçke

kašika

qaşıq

kašičica

çəy qaşığı

salveta

tastımal

čaša

tustağan

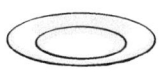

tanjir
tabaq

tanjir za supu
aş tabağı

tanjurić
cəypək

sos
sous

solanik
toz sawıtı

mlin za biber
borıç tegerməne

sirće
serkə

ulje
sıyıq may

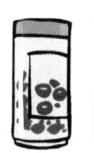

začini
təmlətkeç

kečap
ketçup

senf
xərdəl

majoneza
mayonez

supermarket
supermarket

ponuda
maxsus təqdim
klijent
satıp aluçılar
mliječni proizvodi
söt eşlənmələre
voće
cimeş
kolica za kupovinu
kibet arbası
FOR

BUTCHERS

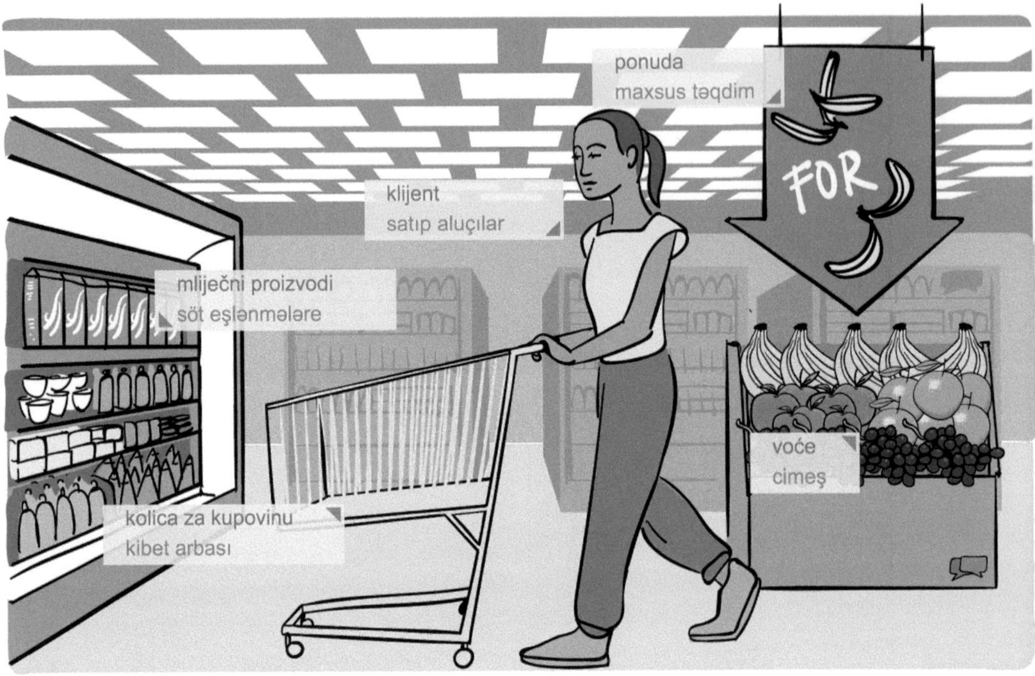

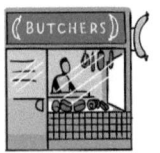

mesnica- klaonica

it kibete

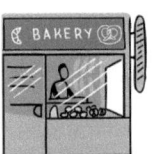

BAKERY

pekara

ikməkxanə

vagati

ülçəw

povrće

yəşelçə

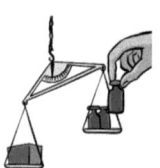

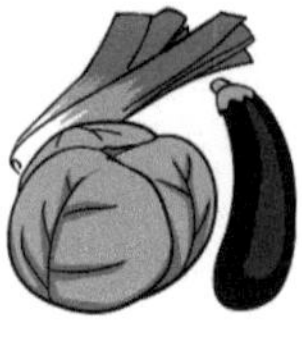

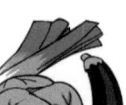

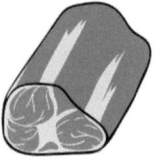

meso

it

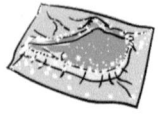

zaleđena hrana

tuñdırılğan aşamlıqlar

narezak

suıq it

konzerve

kənsirləngən aşamlıq

prašak za veš

ker tuzı

slatkiši

şikərləmələr

kućanski proizvodi

öy eşlənmələre

sredstvo za čišćenje

təmizlek eşlənmələre

prodavačica

satuçı

kasa

yazuçı kassa

blagajnik

kassir

lista za kupovinu

satıp alu isemlege

radno vrijeme

eş waqıtı

novčanik

qalta

kreditna kartica

kredit kərte

torba

buqça

najlonska vrećica

plastik qapçıq

voda

su

sok

sut

mlijeko

söt

kola

kola

vino

şərəb

pivo

sıra

alkohol

xəmer

kakao

kakao

čaj

çəy

kafa

qəhwə

espreso

espresso

kapućino

kapuçino

banana

banan

jabuka

alma

narandža

əflisun

lubenica

qarbız

limun

limon

mrkva

kişer

bijeli luk

sarımsaq

bambus

bambu

crveni luk

suğan

gljiva

gömbə

orašasti plodovi

çikləweklər

pasta

toqmaç

špagete

spagetti

riža

döge

salata

salat

pomfrit

čips

pečeni krompir

qızdırılğan bərəñge

pica

pitsa

hamburger

hamburger

sendvič

sandwiç

šnicla

kətlit

šunka

ветчина

kobasica

salami

kobasica

sosis

kokoš

tawıq ite

pečenje

qızdırma

riba

balıq

zobene pahuljice

solı izməse

muzli

müsli

kornfleks

məkkəy keterdege

brašno

on

kroason

kruassan

zemičke

ipi tügərəge

kruh

ikmək

tost

tost

keksi

kətərməç

maslac

may

svježi sir

eremçek

kolač

kəyk

jaje

yomırqa

jaje na oko

təbə

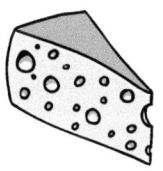

sir

pəynir

sladoled
tuñdırma

šećer
şikər

med
bal

marmelada
qaynatma

nugat krema
şokolad izməse

kuri
karri

seosko imanje
çeftlek

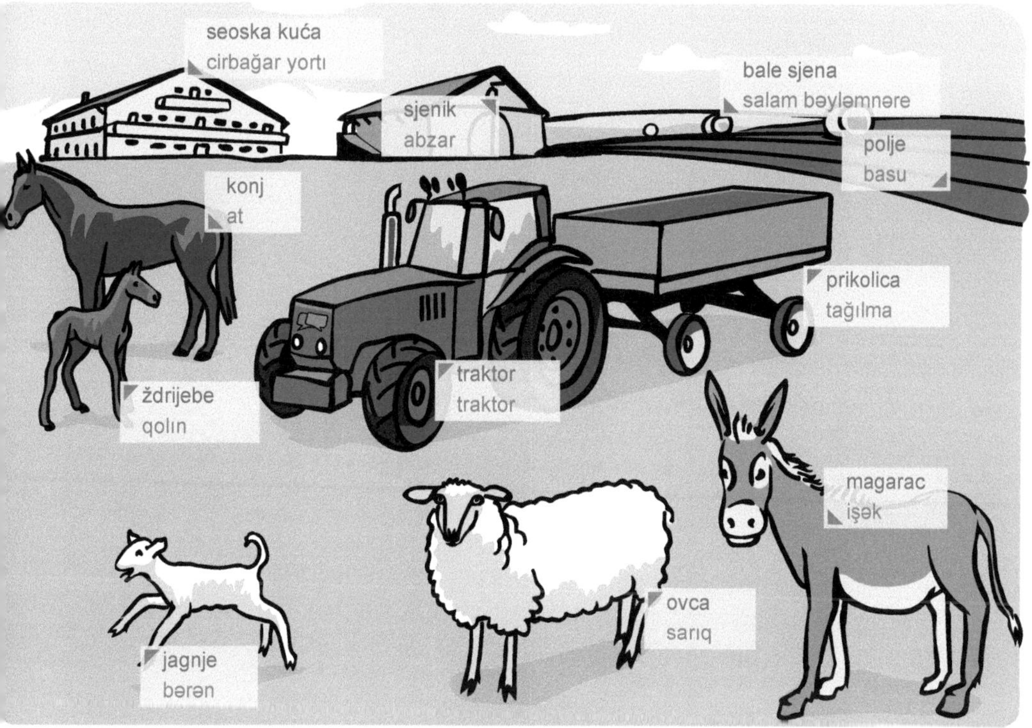

seoska kuća
cirbağar yortı
sjenik
abzar
bale sjena
salam bəyləmnəre
polje
basu
konj
at
prikolica
tağılma
ždrijebe
qolın
traktor
traktor
magarac
işək
ovca
sarıq
jagnje
bərən

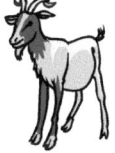

koza
kəcə

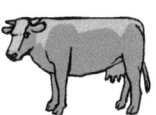

krava
sıyır

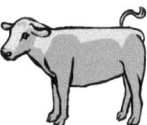

tele
bozaw

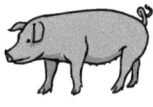

svinja
duñğız

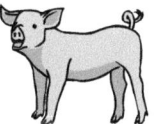

prase
duñğız balası

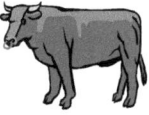

bik
ügez

guska

qaz

patka

ürdək

pile

çebi

kokoška

tawıq

pjetao

ətəç

pacov

küse

mačka

pesi

miš

tıçqan

vol

eş ügeze

pas

et

pseća kućica

et oyası

crijevo za baštu

baqça xortumı

kanta za zalijevanje

susipkeç

kosa

çalğı

plug

saban

srp
uraq

motika
kitmən

vile
sənək

sjekira
balta

tačke
qul arbası

korito
tağaraq

bokal za mlijeko
söt çiləge

vreća
qapçıq

ograda
qoyma

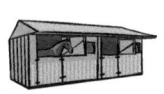

štala
abzar

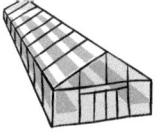

staklenik
essexanə

tlo
tufraq

sjeme
orlıq

đubrivo
aşlama

kombajn
kombayn

kositi

uñış cıyarğa

žetva

uñış

jam korijen

yam

pšenica

boday

soja

soya

krompir

bərəñge

kukuruz

məkkəy

uljana repica

raps

drvo voća

cimeş ağaçı

manioka

manyok

žito

börteklelər

kuća

yort

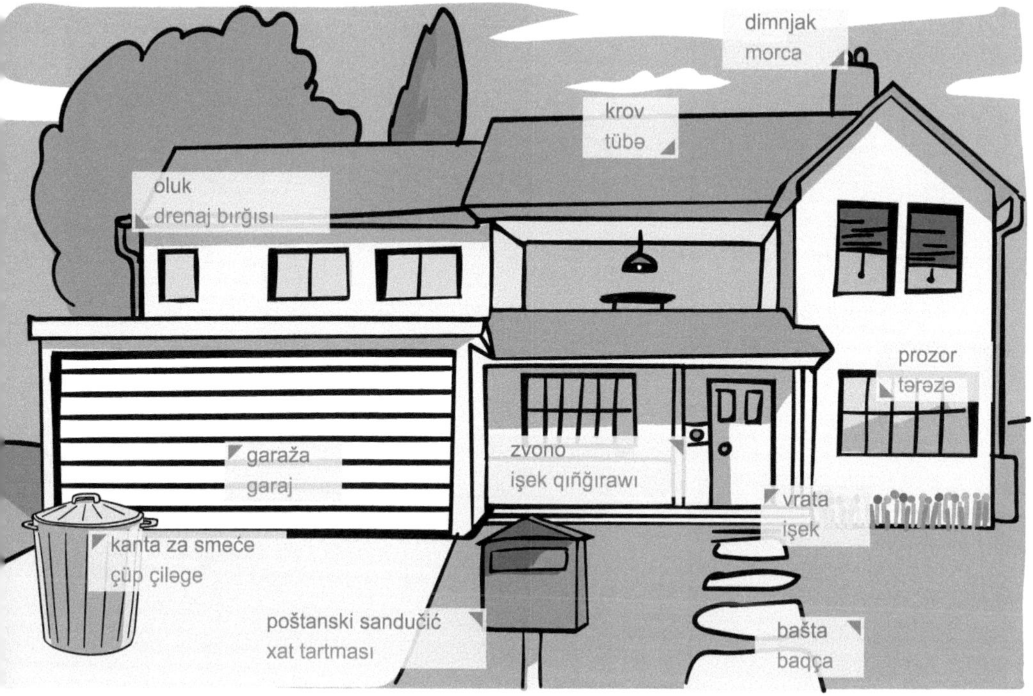

dimnjak
morca
krov
tübə
oluk
drenaj bırğısı
prozor
tərəzə
garaža
garaj
zvono
işek qıñğırawı
vrata
işek
kanta za smeće
çüp çiləge
poštanski sandučić
xat tartması
bašta
baqça

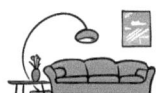

dnevni boravak

qunaq bülməse

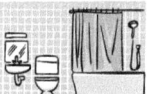

kupatilo

yuınu bülməse

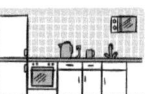

kuhinja

aş bülməse

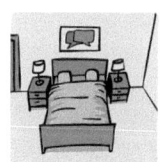

spavaća soba

yataq bülməse

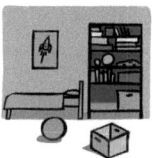

dječija soba

bala bülməse

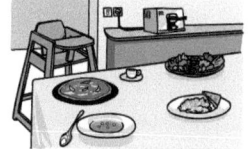

trpezarija

aş bülməse

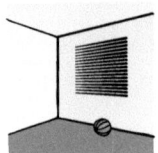

pod, tlo

idän

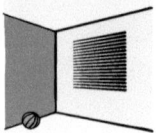

zid

diwar

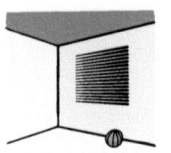

plafon

tüşəm

podrum

tülə

sauna

sawna

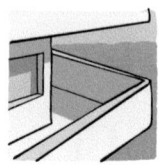

balkon

balkon

terasa

teras

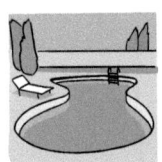

bazen

xəwez

kosilica

çirəmçapqıç

posteljina

cəymə

pokrivač

yataq yapması

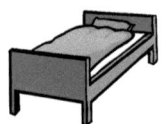

krevet

yataq

metla

seberke

kanta

çilək

prekidač

özgeç

dnevni boravak
qunaq bülməse

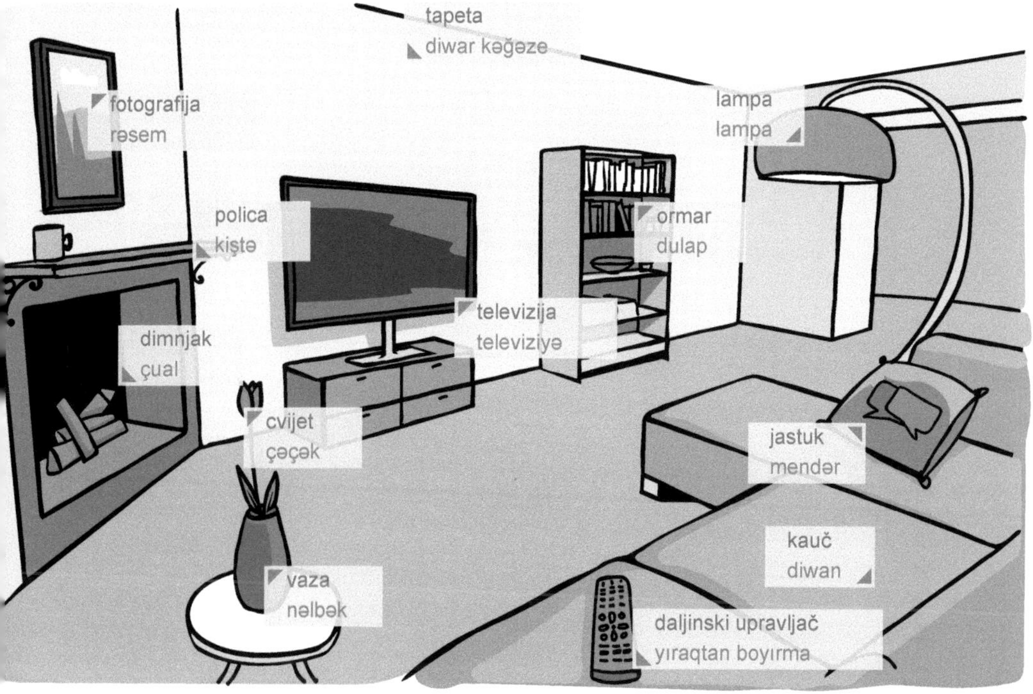

tapeta
diwar kəğəze
fotografija
rəsem
lampa
lampa
polica
kiştə
ormar
dulap
televizija
televiziyə
dimnjak
çual
cvijet
çəçək
jastuk
mendər
kauč
diwan
vaza
nəlbək
daljinski upravljač
yıraqtan boyırma

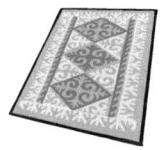

tepih
kələm

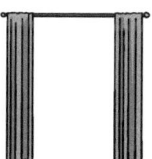

zavjesa
pərdə

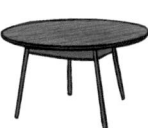

stol
östəl

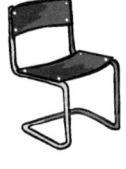

stolica
urındıq

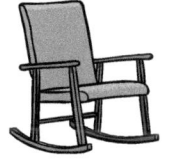

stolica za ljuljanje
tirbəlmə urındıq

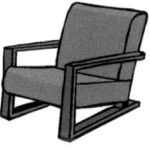

fotelja
kənəfi

knjiga

kitap

deka

yapma

dekoracija

dekor

ložno drvo

utın

film

film

stereo uređaj

hi-fi

ključ

açqıç

novine

gəcit

umjetnička slika

sürət

poster

poster

radio

radio

blok za bilješke

quyın dəftərе

usisavač

tuzansuırğıç

kaktus

kaktus

svijeća

şəm

kuhinja
aş bülməse

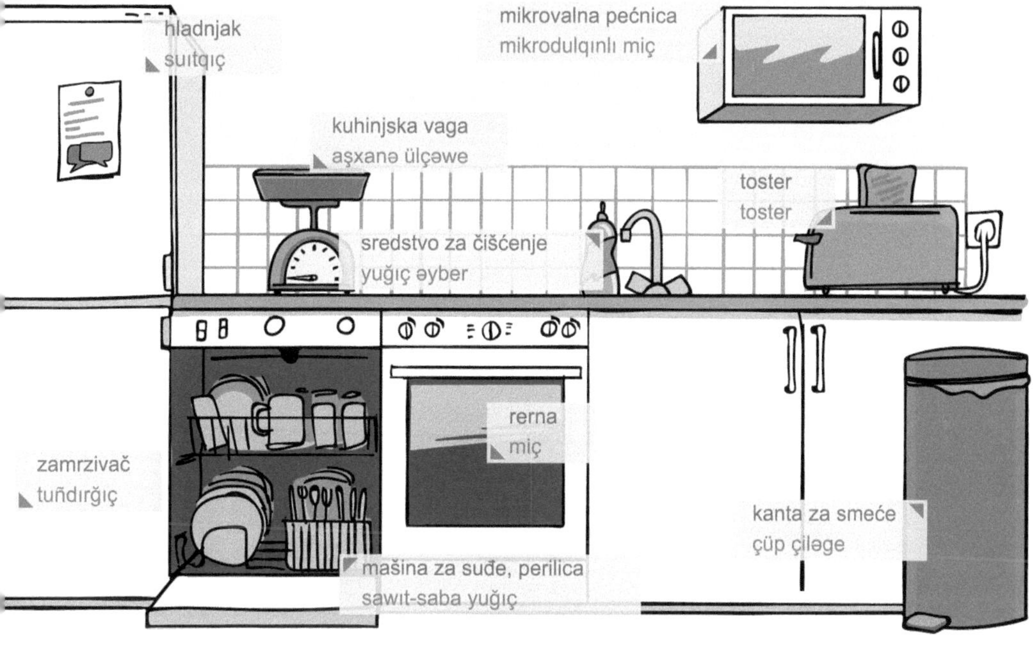
hladnjak
suıtqıç
mikrovalna pećnica
mikrodulqınlı miç
kuhinjska vaga
aşxanə ülçəwe
toster
toster
sredstvo za čišćenje
yuğıç əyber
rerna
miç
zamrzivač
tuñdırğıç
kanta za smeće
çüp çiləge
mašina za suđe, perilica
sawıt-saba yuğıç

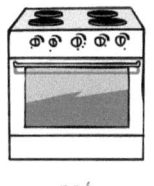

peć

əwsək

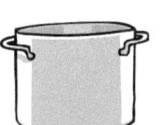

lonac

sağan

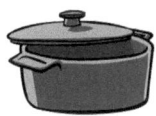

metalni lonac

çuyın sağan

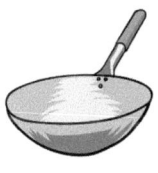

vok / kadai

wok

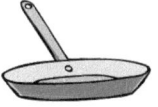

tava, tiganj

taba

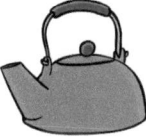

kuhalo

çəygün

aparat za kuhanje na pari

bulı peşergeç

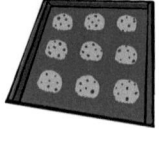

lim za pečenje

qalay

posuđe

sawıt-saba

šalica

təgəç

činija

kəsə

kineski štapići

aşaw tayaqçıqları

kutlača

ucaw

lopatica

spatula

metlica za snijeg bjelanjca

tuğlağıç

sito za kuhanje

sözgeç

sito

ilək

ribež

qırğıç

avan s tučkom

kile

roštilj

barbekü

ložište

açıq uçaq

daska
taqta

oklagija
uqlaw

vadičep
böke suırğıç

konzerva
metal tartma

otvarač za konzerve
kənsir açqıç

krpe za lonac
miç biyələye

sudoper
kirşən

četka
fırça

spužva
bolıt

mikser
blender

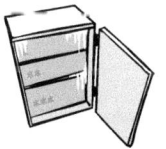

zamrzivač
tirən tuñdırğıç

flašica za bebu
imezlekle şeşə

slavina
çömək

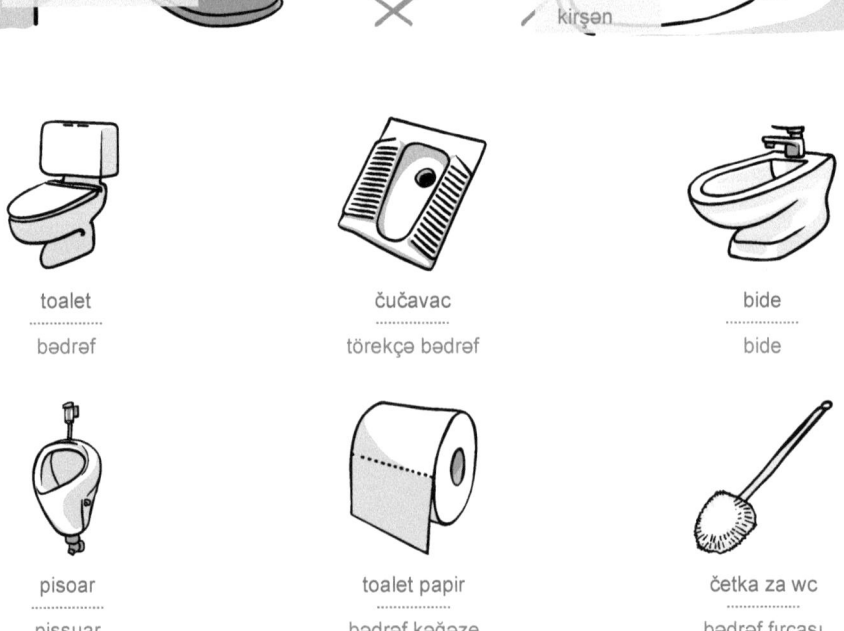

kupatilo
yuınu bülməse

tuš
duş
grijanje
cılıtu
peškir
sölge
zavjesa za tuš
duş pərdəse
pjenušava kupka
kübekle vanna
kada
vanna
čaša
tustağan
mašina za veš
ker yuğıç
slavina
çöməkk
pločice
fayans
dječja kahlica
lazemlek
sudoper
kirşən

toalet
bədrəf

čučavac
törekçə bədrəf

bide
bide

pisoar
pissuar

toalet papir
bədrəf kəğəze

četka za wc
bədrəf fırçası

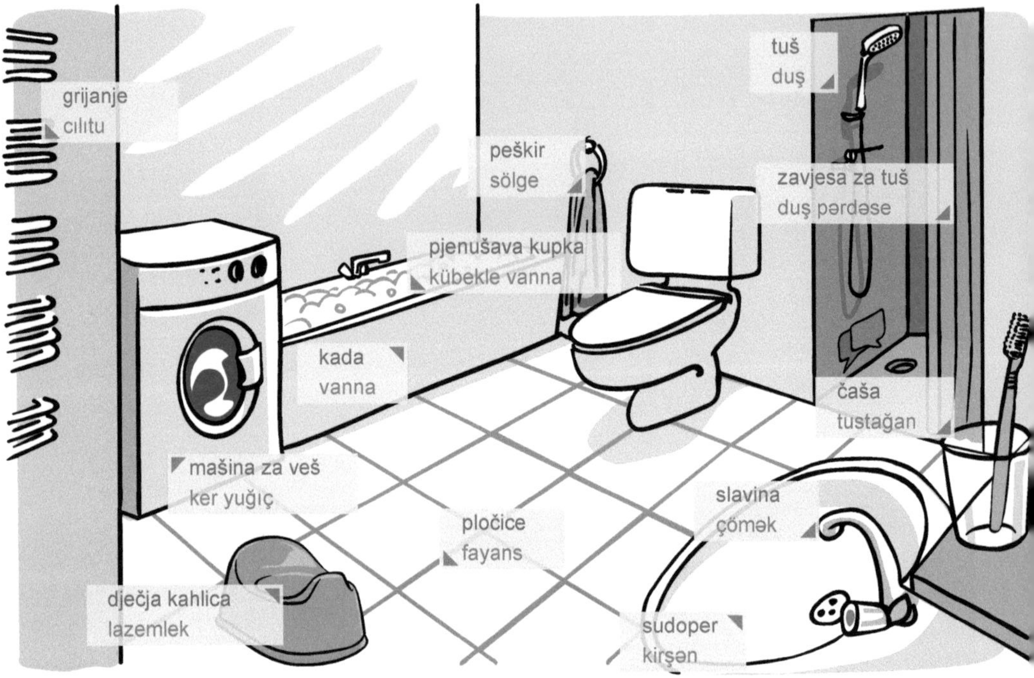

četkica za zube

teş fırçası

pasta za zube

teş məğcüne

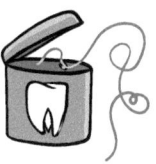

zubni konac

teş cebe

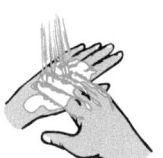

prati

yuarğa

tuš

duş başlığı

intimni tuš

duş

lavor

kirşən

četka za leđa

arqa fırçası

sapun

sabın

gel za tuširanje

duş señəle

šampon

şampun

krpe za pranje

munçala

odvod

ağım

krema

krem

dezodorans

dezodorant

ogledalo

közge

ogledalo za šminkanje

qul közgese

brijač

östərə

pjena za brijanje

qırınu kübege

vodica poslije brijanja

qırınu losyonı

češalj

taraq

četka

fırça

fen

fön

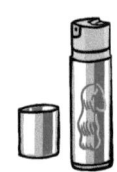

sprej za kosu

çəç sprəye

puder

makiyaj

karmin

iren innege

lak za nokte

tırnaq cələse

vata

mamıq

makazice za nokte

tırnaq qayçısı

parfem

xuşbuy

kozmetička torbica

makiyaj buqçası

hoklica

utırğıç

vaga

ülçəw

kupaći ogrtač

çoba

rukavice za čišćenje

rezin iləsə

tampon

tampon

uložak za dame

higiyenik pəd

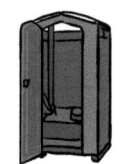

hemijski toalet

kimiyəwi bədrəf

dječija soba
bala bülməse

budilnik
uyatqıç səğət
plišana igračka
yomşaq uyınçıq
auto za igru
uyınçıq maşina
zvečka
şaltırawıq
kućica za lutke
qurçaq yortı
poklon
büläk

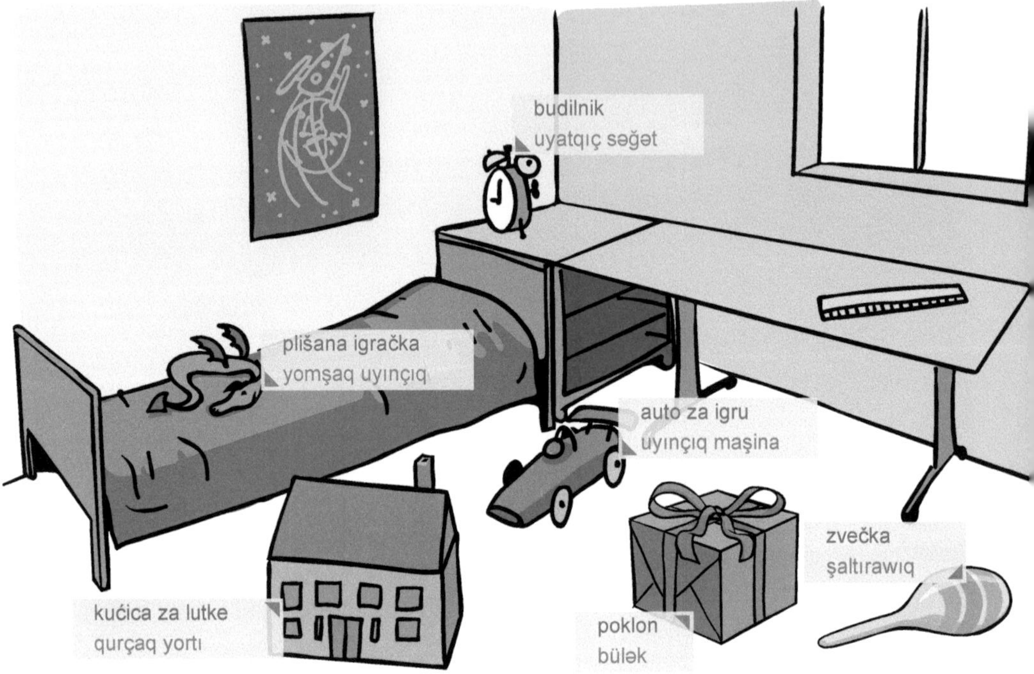

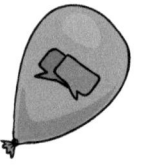

balon
hawa şarı

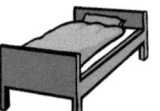

krevet
yataq

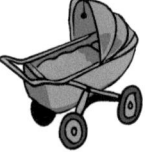

kolica za djecu
bəbi arbası

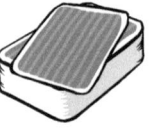

karte za igranje
kərt dəstəse

puzle
pazl

SUPER
MEGA

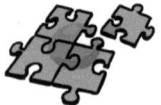

strip
komiks

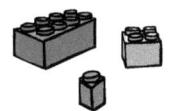

lego kockice

lego kirpeçləre

kockice za gradnju

şaqmaqlar

akcione figure

uyın sınçığı

benkica

zıbın

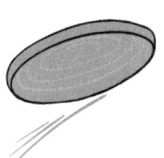

frizbi

frisbi

mobile

mobil

igra na ploči

östəl uyını

kocka

uyın taşı

miniatura željeznice

trən modele cıyılması

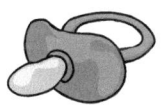

cucla

imezlek

zabava

kiçə

slikovnica

rəsemle kitap

lopta

tup

lutka

qurçaq

igrati

uynarğa

pješćanik

qomlıq

ljuljačka

tağan

igračke

uyınçıqlar

konzola za igru

uyın quşması

triciklo

öç köpçəkle səpid

medvjedić

uyınçıq ayu

ormar

kiyem dulabı

odjeća

kiyem

kratke čarape

oyıqbaş

čarape

oyıq

hulahopke

oyığıştan

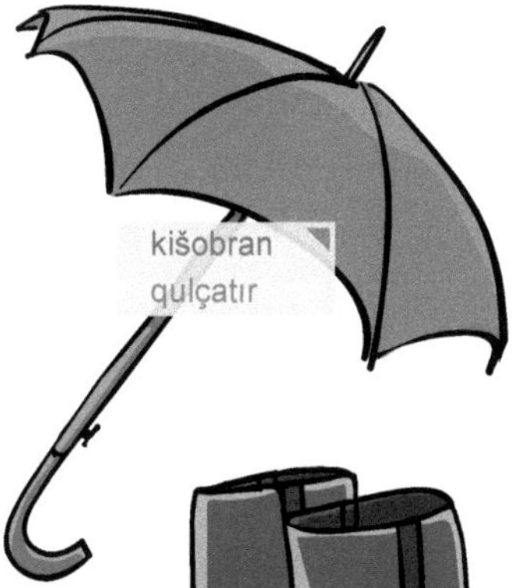

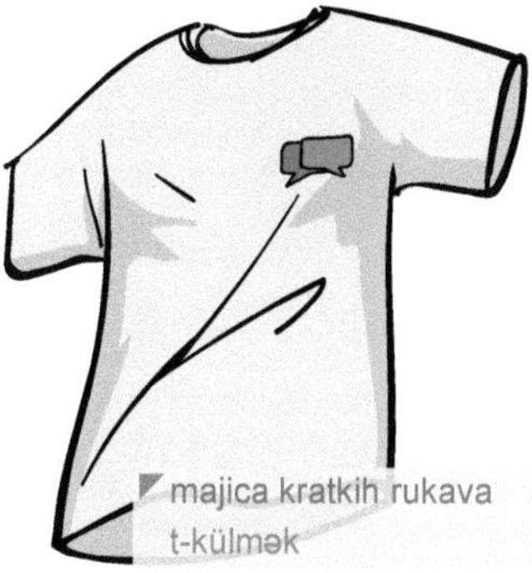

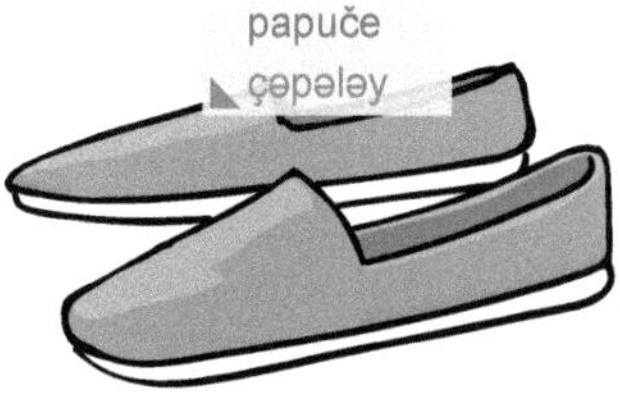

šal
šarf

kišobran
qulçatır

majica kratkih rukava
t-külmək

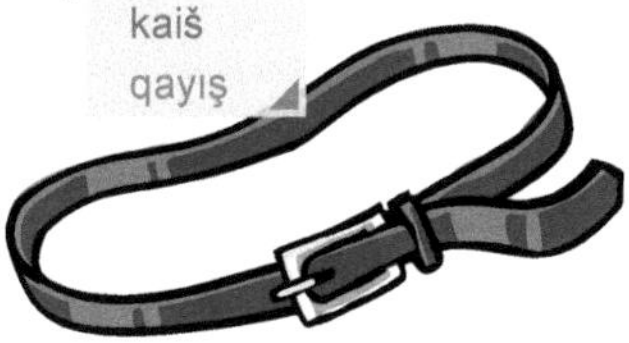

kaiš
qayış

čizme
itek

papuče
çəpələy

patike
sport ayaq kiyeme

sandale
....
sandallar

cipele
....
ayaq kiyeme

gumene čizme
....
rezin itek

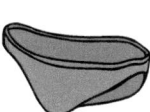

gaće
....
tənban

grudnjak
....
tüşti

potkošulja
....
cələk

bodi
bodi

hlače
čalbar

farmerke
jins

suknja
itək

bluza
bluz

košulja
külmək

džemper
sviter

majica
hudi

sako
bleyzer

jakna
jaket

mantil
bişmət

kišni mantil
yaňğırlıq

kostim
kəçtüm

haljina
külmək

vjenčanica
tuy külməge

odijelo

taqım kiyem

spavaćica

tönge külmək

pidžama

pijama

sari

sari

marama

yawlıq

turban

çalma

burka

burqa

kaftan

çapan

abaja

abaya

kupaći kostim

qoyınu kiyeme

kupaće gaće

yözü tənbanı

kratke hlače

şort

trenerka

sport kiyeme

pregača

alyapqıç

rukavice

iləsə

dugme

töymə

naočare

küzlek

narukvica

beləzek

ogrlica

muyınsa

prsten

baldaq

naušnica

alqa

kapa

kəpəç

vješalica

elgeç

šešir

eşləpə

kravata

muyınbaw

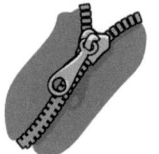

patentni zatvarač

zıncır

kaciga

oçlam

tregeri za hlače

çalbar asması

školska uniforma

məktəp forması

uniforma

forma

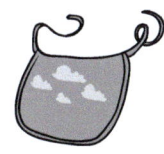

podbradak

balalar kükrəkçəse

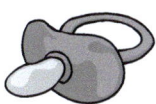

cucla

imezlek

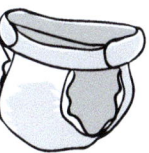

pelene

küzələ

ured
ofis

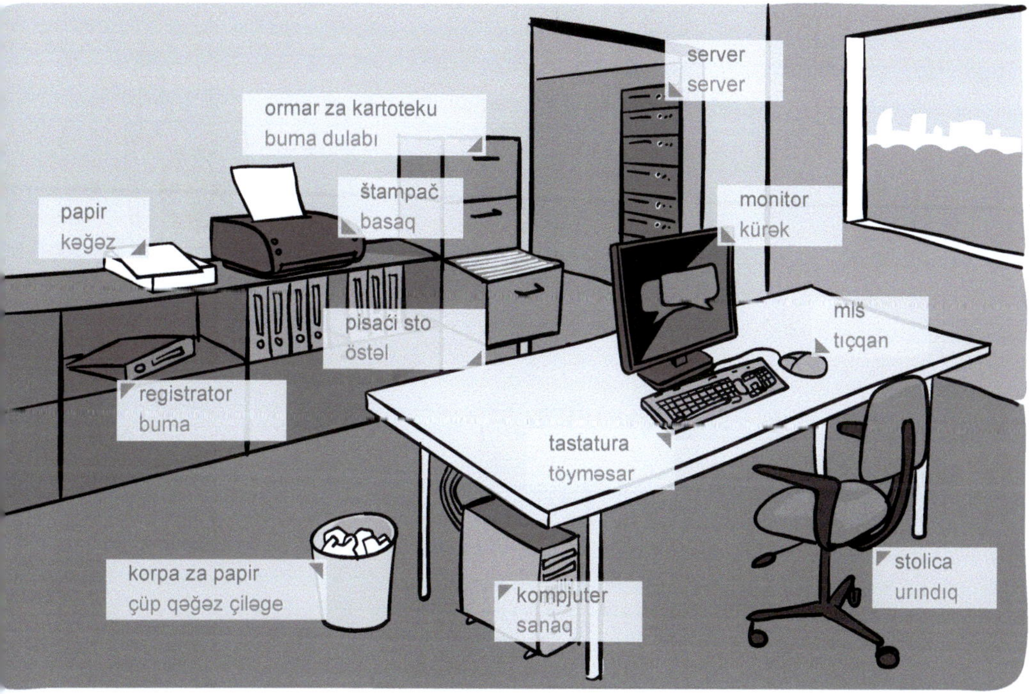
server
server
ormar za kartoteku
buma dulabı
štampač
basaq
papir
kəğəz
monitor
kürək
pisaći sto
östəl
miš
tıçqan
registrator
buma
tastatura
töyməsar
korpa za papir
çüp qəğəz çiləge
kompjuter
sanaq
stolica
urındıq

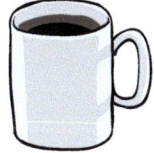

šolja za kafu

qəhwə təgəçe

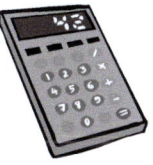

kalkulator

sansanar

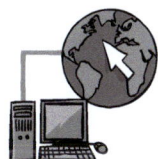

internet

internet

laptop

ləptop

pismo

xat

poruka

xəbər

mobilni telefon

kesə telefonı

mreža

çeltər

aparat za kopiranje

fotokopyaçı

softver

program təminatı

telefon

telefon

utičnica

ayırğıç

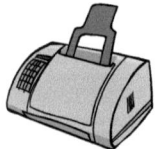

faks

faks

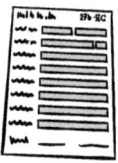

formular

form

dokument

dokument

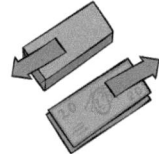

kupovati

satıp alırğa

platiti

tülərgə

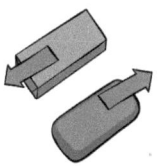

trgovati

səwdə itərgə

novac

aqça

dolar

dollar

euro

euro

jen

yen

rublja

sum

franak

frank

renminbi jen

yuan

rupi

rupi

bankomat

bankomat

mjenjačnica

valüta bürosı

zlato

altın

srebro

kömeş

nafta

qaramay

energija

energiyə

cijena

bəyə

ugovor

kontrakt

porez

salım

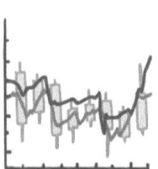

akcija

stok

raditi

eşlərgə

službenik

eşçe

poslodavac

eş birüçe

fabrika

fabrika

radnja

kibet

ekonomija - iqtisad

zanimanja
hönərlər

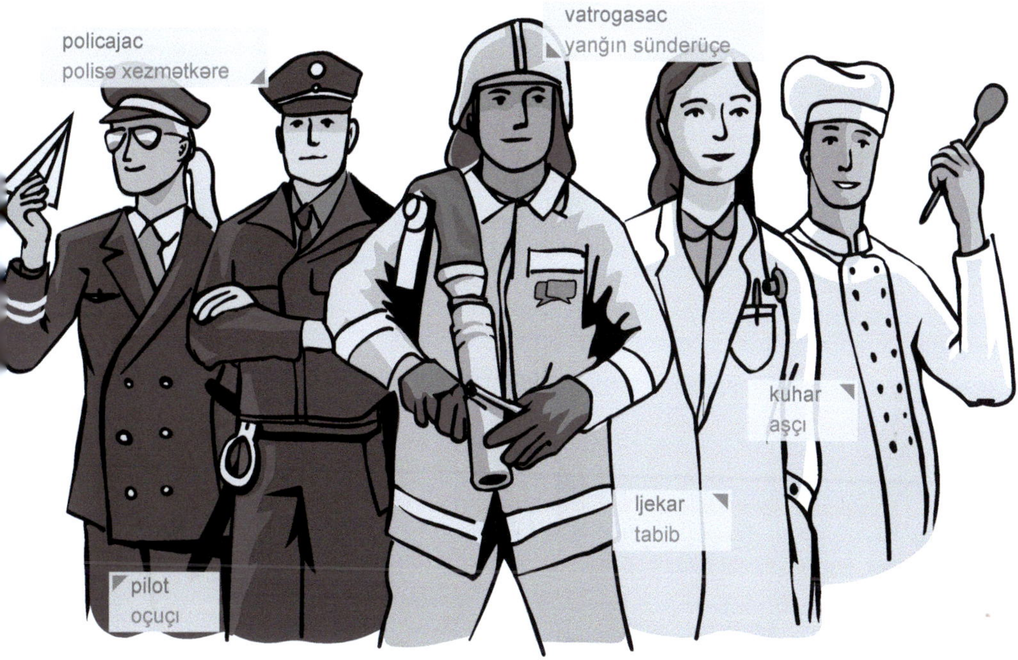

policajac
polisə xezmətkəre
vatrogasac
yanğın sünderüçe
kuhar
aşçı
ljekar
tabib
pilot
oçuçı

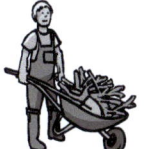

baštovan

baqçaçı

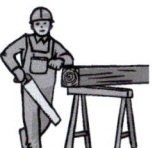

stolar

ağaç ostası

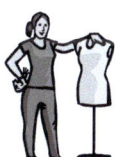

krojačica

tegüçe

sudija

xökemçe

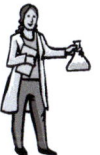

hemičar

kimiyəçe

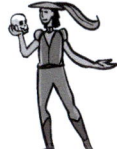

glumac

aktor

vozač autobusa

awtobus yörtüçe

vozač taksija

taksiçe

ribar

balıqçı

čistačica

cıyıştıruçı xatın

krovopokrivač

tübə yabuçı

konobar

tabınçı

lovac

awçı

moler

rəssam

pekar

ikməkçe

električar

elektrçı

građevinski radnik

tözüçe

inženjer

möhəndis

koljač

itçe

limar, vodoinstalater

çöməkçe

poštar

yamılçı

vojnik

ğəskəri

arhitekta

miğmar

blagajnik

kassir

cvjećar

çəçəkçe

frizer

çəçtaraş

kontrolor

konduktor

mehaničar

mekanik

kapiten

kapitan

zubar

teş tabıbı

naučnik

ğalim

rabin

rabbi

imam

imam

monah

kəşiş

sveštenik

ruxani

alat
ələtlər

kliješta
qarğaborın
čekić
çükeç
izvijač
şörepborğıç
džepna lampa
qul fanarı
vijčani ključ
İngliz açqıçı

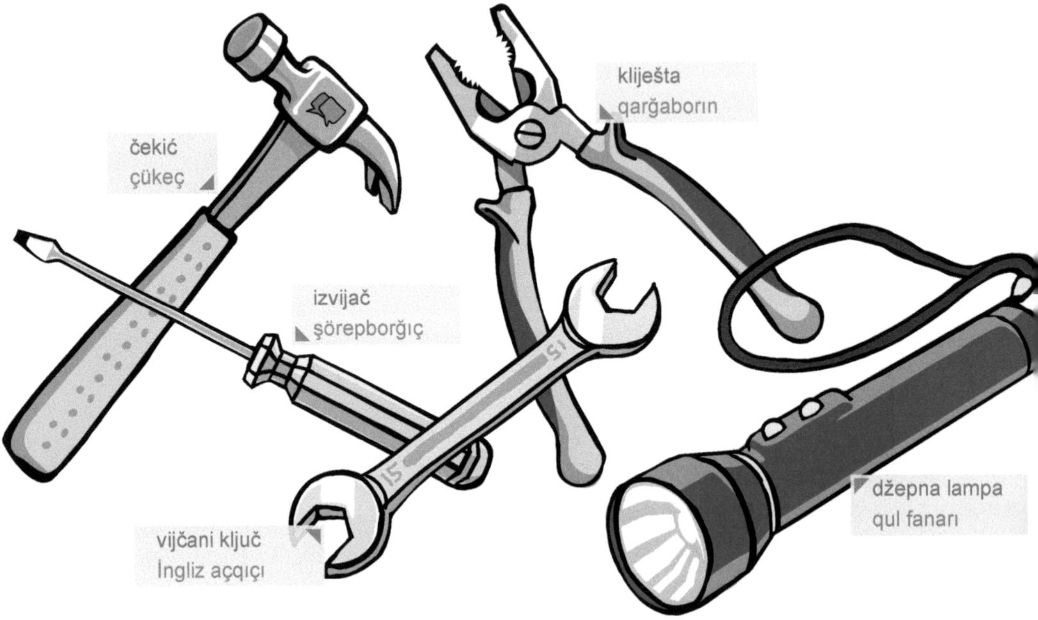

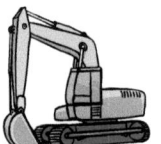

bager
qazu maşinası

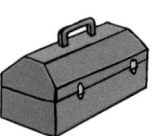

kutija sa alatom
ələt buqçası

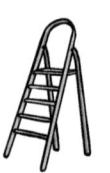

ljestve
basqıç

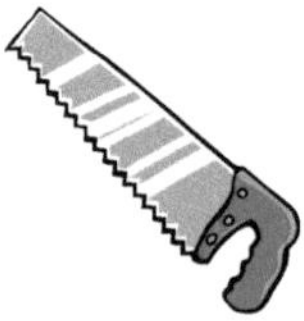

testera, pila
pıçqı

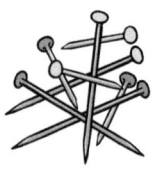

ekser
qadaqlar

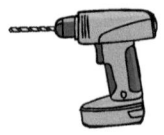

bušilica
dril

popraviti

tözətergə

lopata

körək

sranje!

Şaytan alğırı!

lopatica

sosqı

kanta boje

buyaw sawıtı

vijak

mıqlar

muzički instrumenti
muzıka alətləre

zvučnik
tawış köçəytkeç

bubnjevi
dawılbaz taqımı

gitara
gitar

kontrabas
kontrabas

truba
bırğı

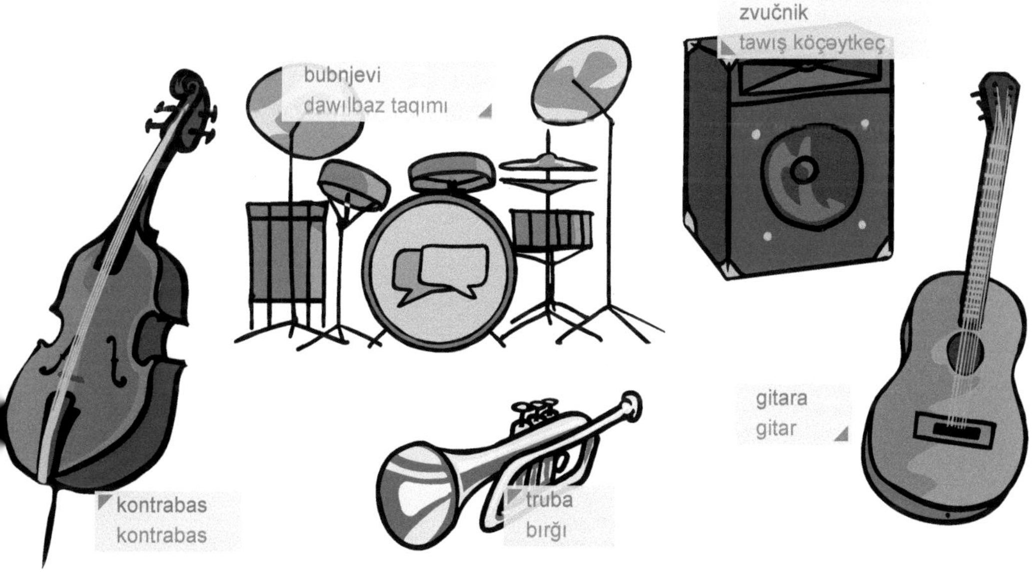

klavir

piano

violina

kəmən

bas

bas gitar

bubanj timpani

timpani

bubanj

dawılbaz

sintisajzer

töyməsar

saksofon

saksofon

flauta

flüt

mikrofon

mikrofon

zološki vrt

xaywan baqçası

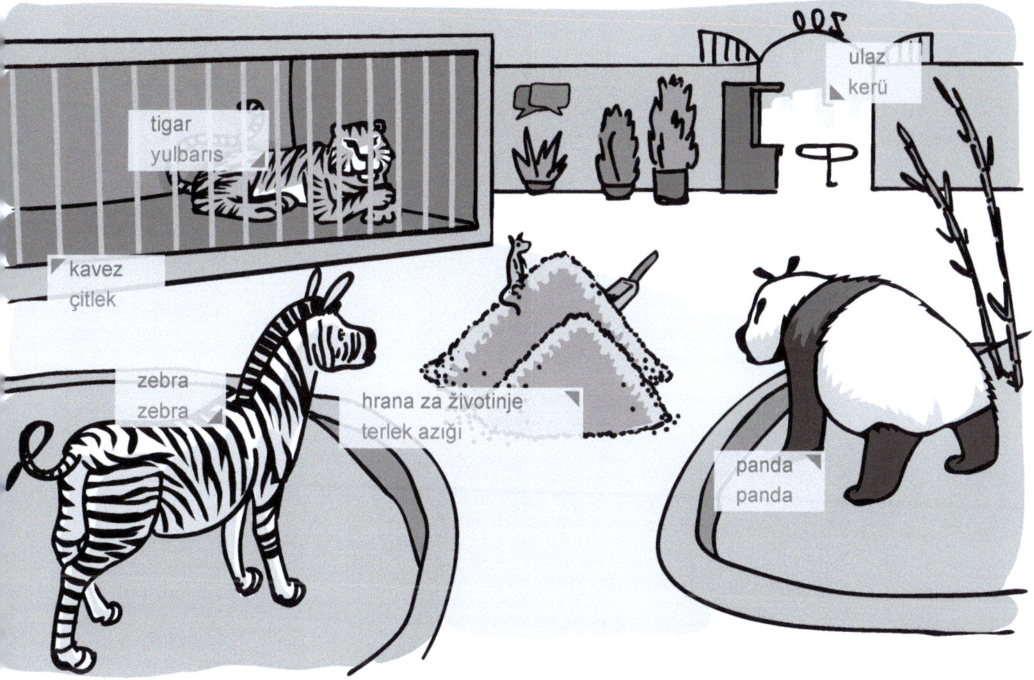

ulaz
kerü
tigar
yulbarıs
kavez
çitlek
zebra
zebra
hrana za životinje
terlek azığı
panda
panda

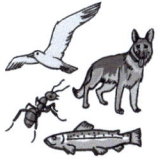

životinje

xaywannar

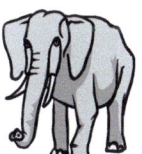

slon

fil

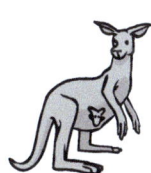

kengur

köngerə

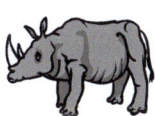

nosorog

kərkədən

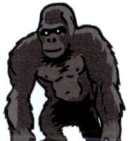

gorila

gorilla

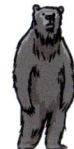

medvjed

ayu

kamila
döyə

noj
təwə qoşı

lav
arıslan

majmun
maymıl

flamingo
flamingo

papagaj
tutıy qoş

polarni medvjed
aq ayu

pingvin
pingwin

morski pas
küpek balığı

paun
tawis

zmija
yılan

krokodil
timsax

čuvar u zološkom vrtu
xaywan baqçası
xezmətkəre

tuljan
suete

jaguar
yaguar

poni

poni

leopard

qaplan

nilski konj

su ayğırı

žirafa

zörəfə

orao

börket

divlja svinja

qaban duñğızı

riba

balıq

kornjača

taşbaqa

morž

morşa

lisica

tölke

gazela

ğəzəl

američki fudbal
Amerika futbolı

vožnja bicikla
sǝpid

tenis
tennis

košarka
basketbol

plivanje
yözü

boks
boks

hokej na ledu
xokkey

fudbal	bedminton	laka atletika
futbol	badminton	atletika

rukomet	skijanje	polo
handbol	çañğı	polo

aktivnosti
itkenleklər

skakati
sikerergə
zagrliti
qoçaqlarğa
smijati se
kölərgə
ići
yörergə
pjevati
cırlarğa
sanjati
xıyallanırğa
moliti
ğibədət qılırğa
ljubiti
übərgə

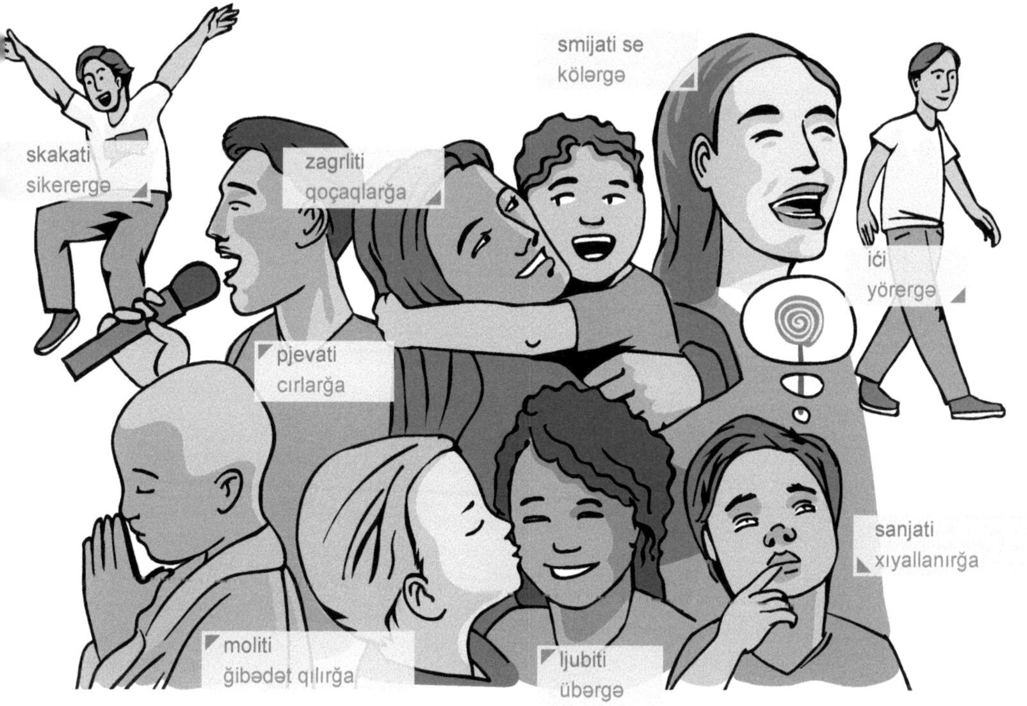

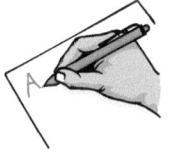

pisati
....
yazarğa

crtati
....
rəsem yasarğa

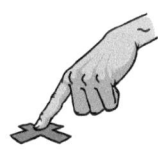

pokazati
....
kürsətergə

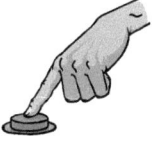

gurati
....
etərgə

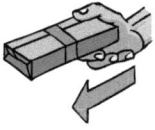

dati
....
birergə

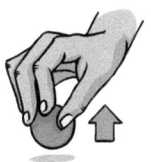

uzeti
....
alırğa

imati

iyə bulırğa

raditi

eşlərgə

biti

bulırğa

stajati

basıp torırğa

trčati

yögerergə

vući

tartırğa

baciti

taşlarğa

pasti

yığılırğa

ležati

yatarğa

čekati

kötərgə

nositi

taşırğa

sjediti

utırırğa

obući

kiyenergə

spavati

yoqlarğa

probuditi

uyanırğa

pogledati

qararğa

plakati

yılarğa

milovati

sıyparğa

češljati

tararğa

govoriti

söyləşergə

razumjeti

aňlarğa

pitati

sorarğa

slušati

tıňlarğa

piti

eçərgə

jesti

aşarğa

pospremiti

cıyıştırınırğa

voljeti

söyərgə

kuhati

peşerergä

voziti

sörergə

letjeti

oçarğa

jedriti

diñgezgə açılu

računati

isəpləw

čitati

uqırğa

učiti

öyrənergə

raditi

eşlərgə

vjenčavti

öylənergə

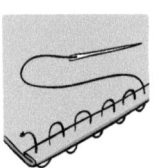

šiti

tegərgə

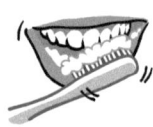

prati zube

teş fırçalarğa

ubiti

üterergə

pušiti

təməke tartırğa

slati

cibərergə

porodica
ğailə

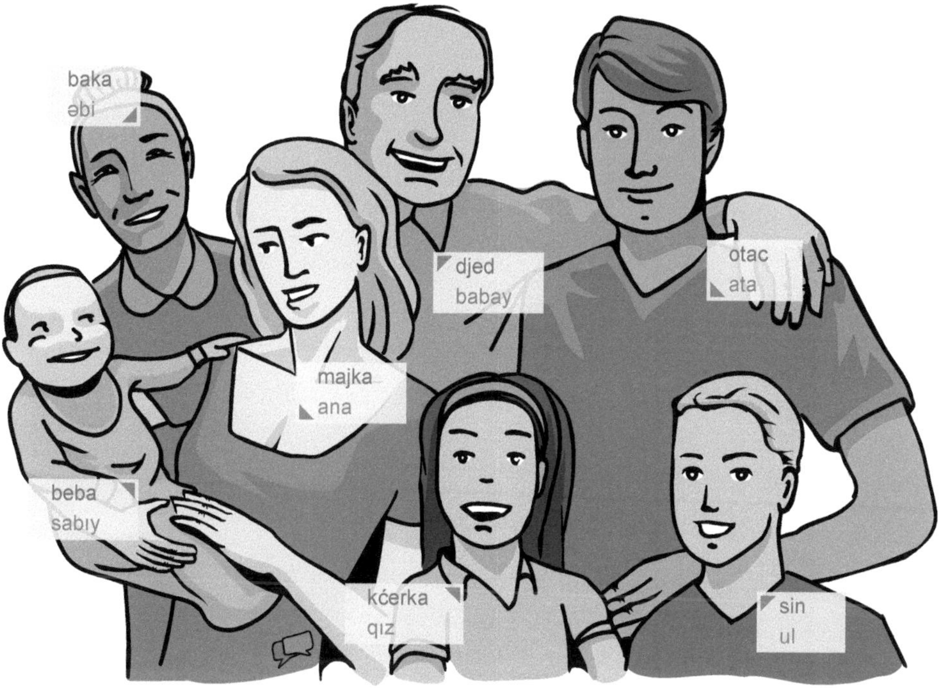
baka
əbi
djed
babay
otac
ata
majka
ana
beba
sabıy
kćerka
qız
sin
ul

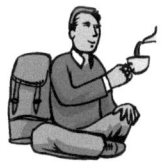

gost
qunaq

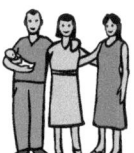

ujna, tetka, strina
apa

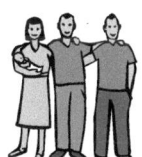

ujak, tetak, stric
abıy

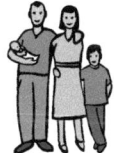

brat
abıy / ene

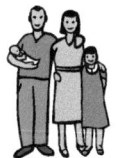

sestra
apa / señel

tijelo

tən

čelo
mañğay
oko
küz
leđa
iñbaş
prst
barmaq
lice
bit
brada
iyək
ruka, šaka
qul çuğı
noga
ayaq
grudi
kükrək
ruka
qul

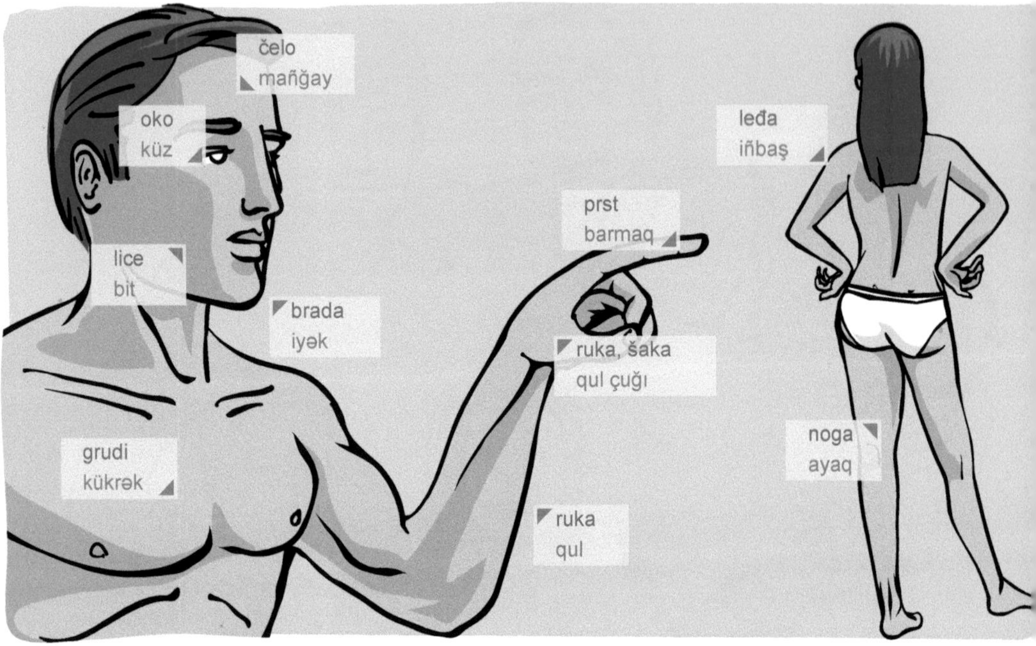

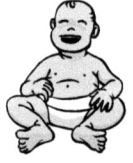

beba
sabıy

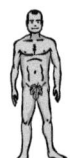

muškarac
ir

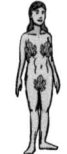

žena
xatın

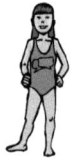

djevojčica
qız

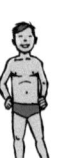

dječak
malay

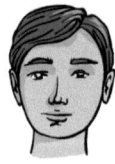

glava
baş

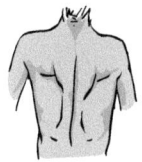

leđa
arqa

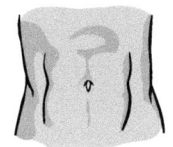

stomak
eç

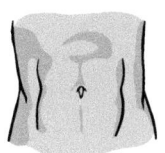

pupak
kendek

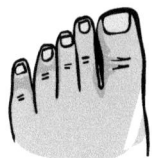

nožni prst
ayaq barmağı

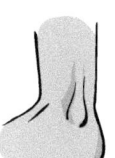

peta
ükçə

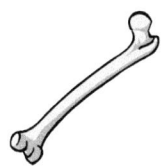

kosti
söyək

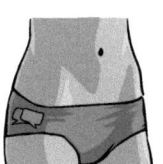

kuk
bot

koljeno
tez

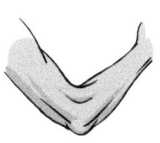

lakat
tersək

nos
borın

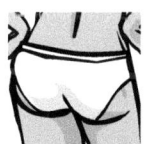

stražnjica
art san

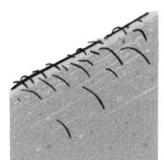

koža
tire

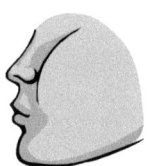

obraz
yañaq

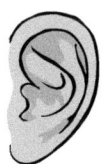

uho
qolaq

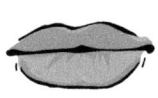

usna
iren

tijelo - tən

usta

awız

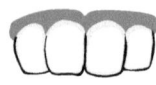

zub

teş

jezik

tel

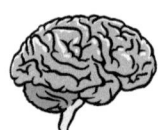

mozak

mi

srce

yörək

mišić

ğəzlə

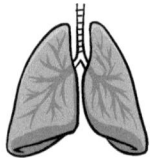

pluća

üpkə

jetra

bawır

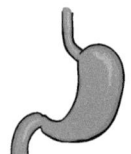

želudac

aşqazanı

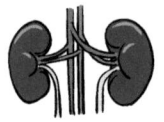

bubreg

böyerlər

spolni odnos

seks

kondom

prezervativ

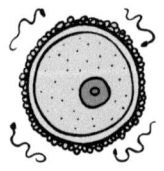

jajna ćelija

kükəy küzənək

sperma

məni

trudnoća

kömən

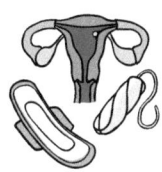

menstruacija

kürem

vagina

vagina

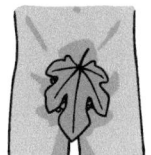

penis

penis

obrva

qaş

kosa

çəçlər

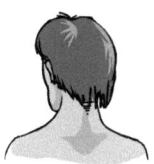

vrat

muyın

bolnica
xastaxanə

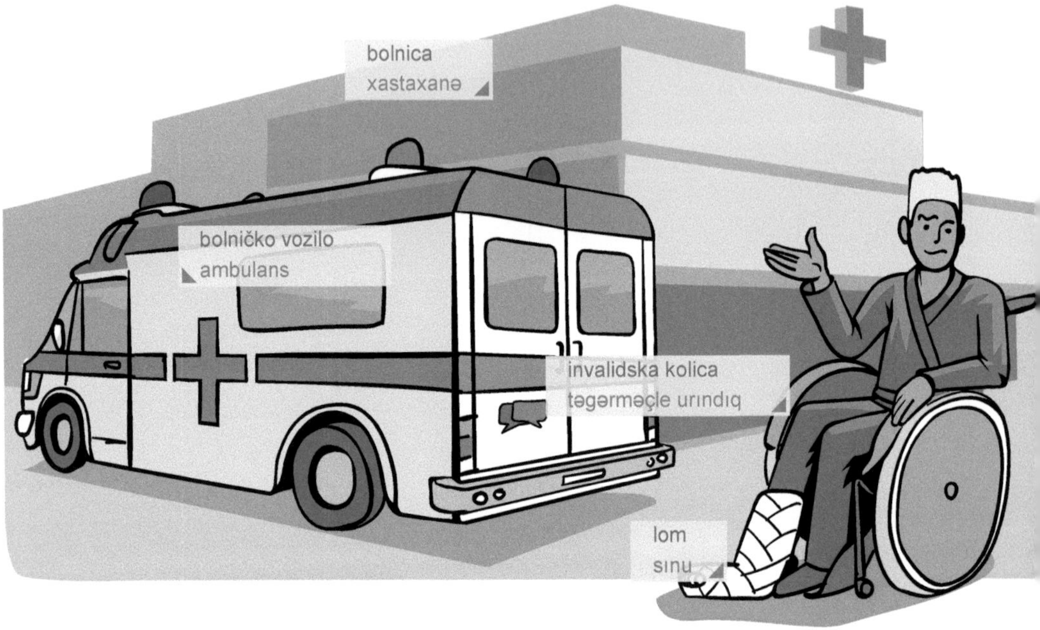

bolnica
xastaxanə
bolničko vozilo
ambulans
invalidska kolica
təgərməçle urındıq
lom
sınu

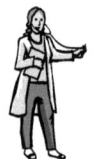

ljekar

tabib

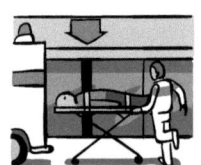

hitna služba

aşığıç yərdəm bülməse

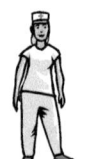

medicinska sestra

şəfqət tutaşı

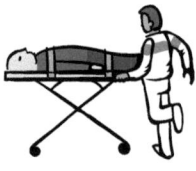

hitna pomoć

kiçektergesez xəl

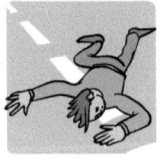

nesvjest

añsız

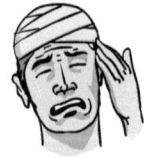

bol

awırtu

povreda

cərəxətlənü

krvarenje

qan ağu

srčani udar, infarkt

infarkt

moždani udar

insult

alergija

allergiyə

kašalj

yütəl

groznica

qızu

gripa

grip

proljev

eç kitü

glavobolja

baş awırtu

rak

yaman şeş

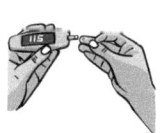

dijabetes

diabet

hirurg

xirurg

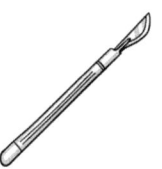

skalpel

skalpel

operacija

ğəməliyət

CT

ST

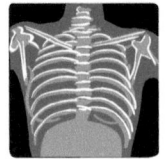

rendgen

röntgen

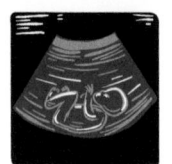

ultrazvuk

ultratawış

maska

bitlek

bolest

awıru

čekaonica

kötü bülməse

štake

qultıq tayağı

flaster

plaster

zavoj

bəyləweç

injekcija

qadaw

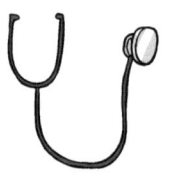

stetoskop

stetoskop

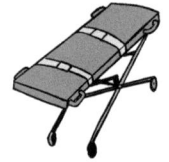

nosilo

sədiyə

termometar

klinik termometr

porod

tuu

prekomjerna težina, debljina

artıq awırlıq

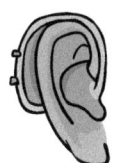

slušni aparat

işetü cihazı

sredstvo za dezinfekciju

dezinfektant

infekcija

yoğış

virus

virus

HIV/ AIDS

KİV / BİDS

medicina

daru

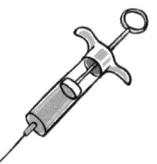

vakcinacija

vaksinalanu

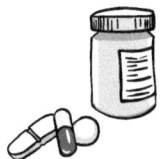

tablete

tabletlər

pilula

kontraseptiv tablet

hitni poziv

aşığıç çaqıru

aparat za mjerenje pritiska

qan basımı ülçəgeçe

bolestan / zdrav

awıru / sələmət

Upomoć!

Qotqarığız!

alarm

xəwef tawışı

napad, prepad

höcüm

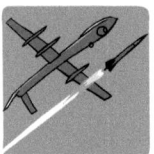

napad

höcüm

opasnost

qurqınıç

izlaz u slučaju opasnosti

aşığıç çığu

Požar!

Yanğın!

vatrogasni aparat

ut sündergeç

nezgoda

qaza

torba prve pomoći

berençe yərdəm buqçası

SOS

SOS

policija

polisə

Europa

Awrupa

Sjeverna Amerika

Tönyaq Amerika

Južna Amerika

Könyaq Amerika

Afrika

Afrika

Azija

Asya

Australija

Awstralya

Atlantik

Atlantik okean

Pacifik

Tın okean

Indijski okean

Hind okeanı

Antarktički okean

Antarktik okean

Arktički okean

Arktik okean

Sjeverni pol

Tönyaq qotıp

Južni pol
Könyaq qotıp

Antarktik
Antarktika

Zemlja
Cir

zemlja
qorı cir

more
diñgez

ostrvo
utraw

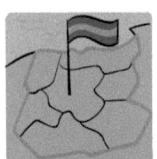

nacija
millət

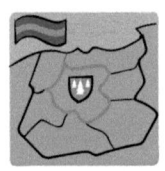

država
dəwlət

brojčanik sata

səğət bite

kazaljka sata

səğət uğı

kazaljka minute

minut uğı

kazaljka sekunde

sekund uğı

Koliko je sati?

Səğət niçə?

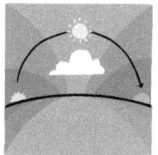

dan

kön

vrijeme

waqıt

sada

xəzer

digitalni sat

dijital səğət

minuta

minut

sat

səğət

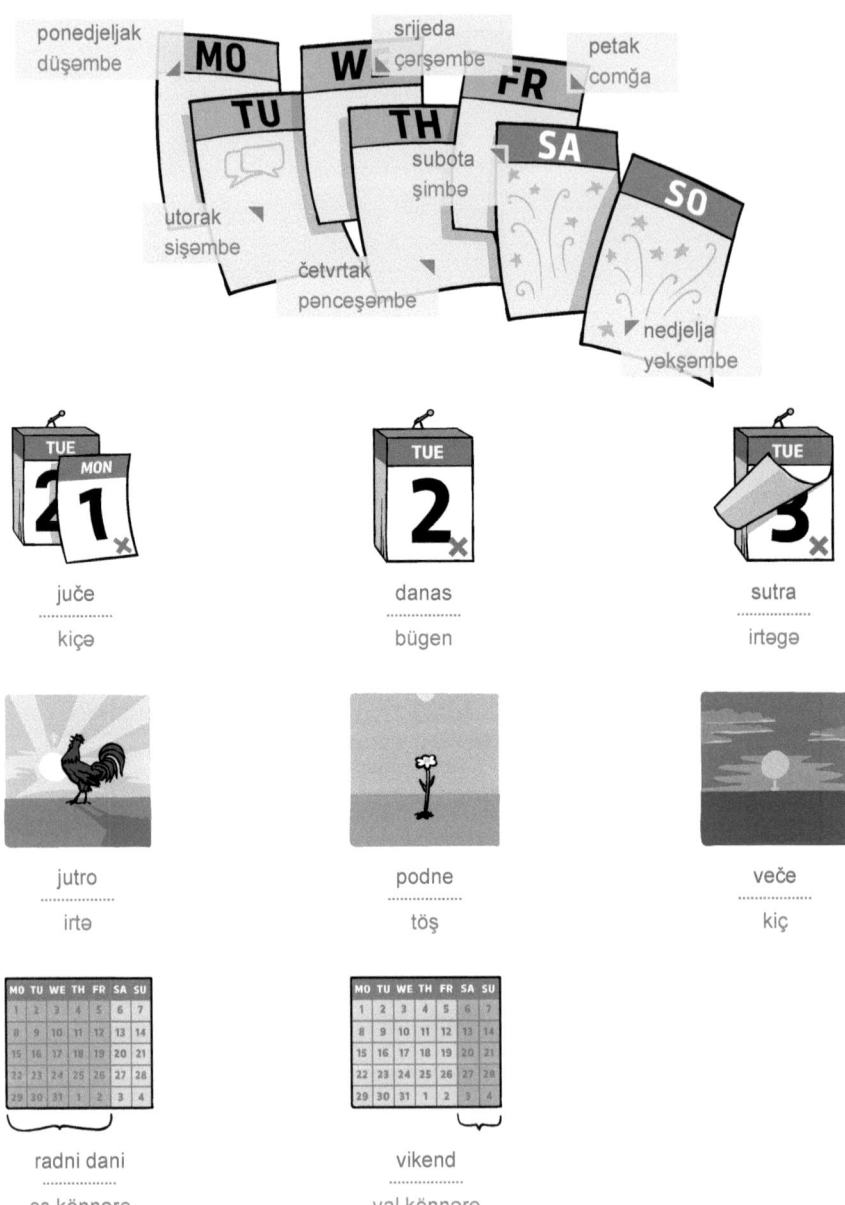

ponedjeljak
düşəmbe

srijeda
çərşəmbe

petak
comğa

utorak
sişəmbe

subota
şimbə

četvrtak
pənceşəmbe

nedjelja
yəkşəmbe

juče
kiçə

danas
bügen

sutra
irtəgə

jutro
irtə

podne
töş

veče
kiç

radni dani
eş könnəre

vikend
yal könnəre

godina

yıl

kiša
yañğır
duga
salawat küpere
vjetar
cil
snijeg
qar
proljeće
yaz
ljeto
cəy
jesen
köz
zima
qış

4.APRIL 11°
5.APRIL 4°
6.APRIL 13°
7.APRIL 8°
8.APRIL 10°

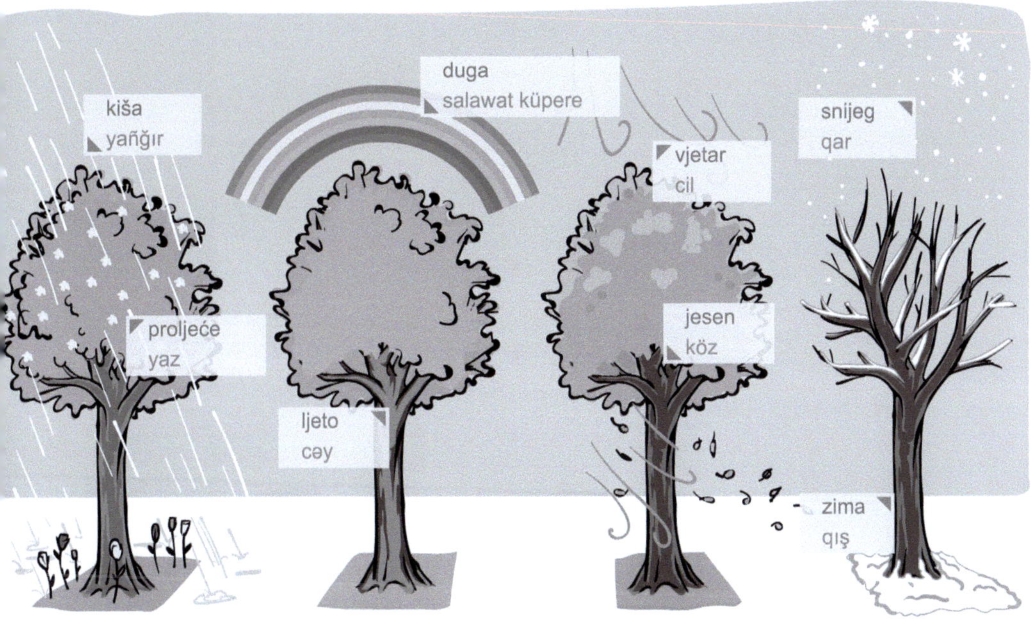

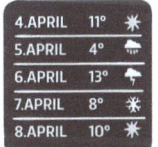

prognoza vremena

hawa torışı

F
C
120
90
60
30
0
-30
40
30
20
10
0
-10
-20

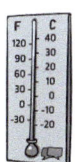

termometar

termometr

sunčev sjaj

qoyaş yaqtısı

oblak

bolıt

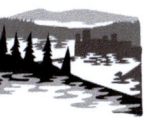

magla

toman

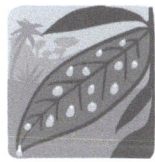

vlažnost vazduha

dımlılıq

munja

yəşen

grom

kük kükrəw

oluja

dawıl

tuča, led

boz

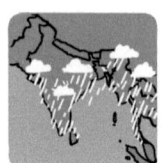

monsun

musson

poplava

su basu

led

boz

januar

Qırlaç

februar

Aqman

mart

Buşay

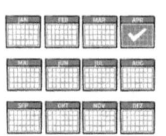

april

Yañarış

maj

Saban

juni

Çereşmə

juli

Peçən

avgust

Uraq

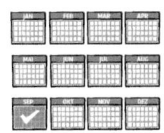

septembar

Indır

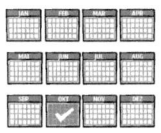

oktobar

Bilek

novembar

Qaraköz

decembar

Kerəw

oblici
şəkellər

krug

tügərək

kvadrat

dürtkel

pravougao

turıpoçmaq

trougao

öçpoçmaq

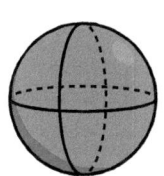

kugla

körrə

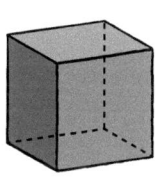

kocka

kub

bjel
....
aq

žut
....
sarı

narandžast
....
qızğılt sarı

pink
....
al

crven
....
qızıl

ljubičast
....
şəməxə

plav
....
zəñgər

zelen
....
yəşel

smeđ
....
körən

siv
....
sorı

crn
....
qara

malo / mnogo

küp / az

ljutit / miran

usal / tınıç

lijep / ružan

matur / yəmsez

početak / kraj

baş / axır

veliki / mali

zur / keçkenə

svijetlo / tamno

yaqtı / qarañğı

brat / sestra

abıy, ene / apa, señel

čist / prljav

taza / pıçraq

potpun / nepotpun

təmam / təmamlanmağan

dan / noć

kön / tön

mrtav / živ

üle / tere

široko / usko

kiñ / tar

ukusno / neukusno

aşarğa yaraqlı / aşarğa yaraqsız

zao / prijatan

yaman / yaxşı

uzbuđen / dosadan

dulqınlanğan / yalıqqan

debeo / mršav

yuan / yabıq

najprije / najkasnije

berençe / soñğı

prijatelj / neprijatelj

dus / doşman

pun / prazan

tulı / buş

trvd / mekan

qatı / yomşaq

težak / lagan

awır / ciñel

glad / žeđ

açlıq / susaw

bolestan / zdrav

awıru / sələmət

ilegalan / legalan

qanunsız / qanunlı

inteligentan / glup

aqıllı / aqılsız

lijevo / desno

sul / uñ

blizu / daleko

yaqın / yıraq

nov / polovan

yaña / qullanılğan

ništa / nešto

hiçnərsə / nərsəder

star / mlad

ölkən / yəş

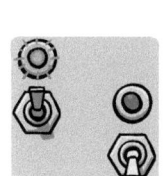

uključeno / isključeno

qabızdırılğan / sünderelgən

otvoreno / zatvoreno

açıq / yabıq

tiho / glasno

tawışsız / göreltele

bogat / siromašan

bay / yarlı

tačno / pogrešno

döres / yalğış

hrapav / glatak

qıtırşı / şoma

tužan / srećan

küñelsez / küñelle

kratak / dug

qısqa / ozın

spor / brz

aqrın / tiz

mokro / suho

dımlı / qorı

toplo / hladno

cılı / salqın

rat / mir

suğış / tınıçlıq

0

nula

sıfır

1

jedan

ber

2

dva

ike

3

tri

öç

4

četiri

dürt

5

pet

biş

6

šest

altı

7

sedam

cide

8

osam

sigez

9

devet

tuğız

10

deset

un

11

jedanaest

unber

12

dvanaest

unike

13

trinaest

unöç

14

četrnaest

undürt

15

petnaest

unbiş

16

šesnaest

unaltı

17

sedamnaest

uncide

18

osamnaest

unsigez

19

devetnaest

untuğız

20

dvadeset

yegerme

100

sto

yöz

1.000

hiljada

meñ

1.000.000

milion

million

engleski

inglizçə

američki engleski

Amerika inglizçəse

kinesko mandarinski

Mandarin qıtayçası

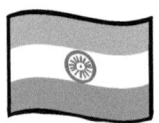

hindi

hindi

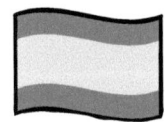

španski

İspança

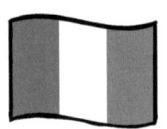

francuski

Fransızça

arapski

Ğərəpçə

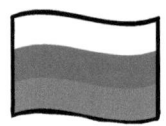

ruski

Rusça

portugalski

Portugalça

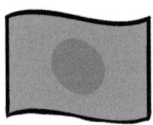

bengalski

Bengali

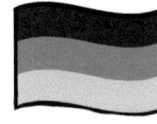

njemački

Almança

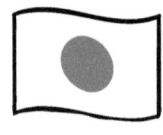

japanski

Yaponça

ja
min

ti
sin

on / ona / ono
ul / ul / ul

mi
bez

vi
sez

oni
alar

ko?
kem?

šta?
nərsə?

kako?
niçek?

gdje?
qayda?

kada?
qayçan?

ime
isem

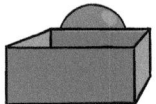

iza

artta

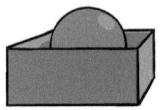

u

eçendə

pred

aldında

iznad

östendə

na

östendə

ispod

astında

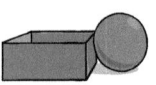

pored

yanında

između

arasında

mjesto

urın